JN032779

WIZARD

強気でも弱気でも横ばいでも機能する

高リターン・低ドローダウン戦略

買いと売り、長期と短期の無相関のシステムを組み合わせる

Automated
Stock Trading Systems

A Systematic Approach for Traders to Make Money
in Bull, Bear and Sideways Markets
by Laurens Bensdorp

ローレンス・ベンスドープ[著]
長岡半太郎[監修]
山下恵美子[訳]

Automated Stock Trading Systems :
A Systematic Approach for Traders to Make Money in Bull, Bear and Sideways Markets
by Laurens Bensdorp

Original English language edition published by Scribe Media, 815-A Brazos Street, Suite #220, Austin, TX 78701. Arranged via Licensor's Agent : DropCap Rights Agency and Tuttle-Mori Agency, Inc. All rights reserved.

監修者まえがき

　本書は、トレーディング・マスタリー・スクールの創始者兼CEO（最高経営責任者）のローレンス・ベンスドープによる "Automated Stock Trading Systems : A Systematic Approach for Traders to Make Money in Bull, Bear and Sideways Markets" の邦訳である。もともと著者は投資やトレードと関係ない仕事をしていたが、家業の投資会社の状態が思わしくないことを受けて父親から経営を引き継ぎ、独学で株式トレードを学び、完全にメカニカルな運用によって成功を収めた。

　著者が紹介しているトレードシステムはどれも単純で、パラメーターの調整による多少のアレンジのみでそのまま利用することも可能だろうし、一般のベンダーやブローカーの提供するトレードツールで、これらを簡単に実装することもできるだろう。システムの背景にある考え方も枯れた定番のものでロジックにまったく破綻はない。

　ところで、機関投資家による運用は基本的にロングオンリー（買い持ち）で長期投資である。ここでは上場株式に投資する以上、たとえ投資対象の企業価値に変化はなかったとしても株価変動による時価評価の短期的な下落は避けられないし、事業の収益性そのものも環境の変化により影響を受ける。これらは投資において不可避的に伴うリスクである。しかし、それらの事業がきちんとキャッシュフローを生むものであれば、各種の外乱が加わって一時的にボラティリティが高まっても、いずれ評価額は回復することになる。このため、ポートフォリオを構築する際のファンドマネジャーの大きな関心の1つは、付随リスク管理の手段としてのレジリエンスの維持にある。

　一方で、本書にあるような個人のトレードでは幸いなことにそうしたリスクはそもそも存在しない。したがって、重視すべきはレジリエ

ンスではなく外乱による純資産の毀損を避けるための抗堪性である。本文に書かれているようにシステマティックなトレードの特徴の1つは、その執行がトレーダーの感情に左右されず機械的に行われるところにある。そして、そうしたシステムを安心して継続的に利用できるかどうかは、それが高いリターンをもたらすことよりも、抗堪性を持つかどうかにかかっている。そして、これに焦点を合わせられることは個人トレーダーの特権でもある。本書はリターンが互いに相関性を持たないトレードシステムを組み合わせることで、この抗堪性を確保することに徹底的にこだわった解説書であり、これからトレードシステムを構築する人たちにとって極めて重要な示唆を含んでいる。

　翻訳にあたっては以下の方々に心から感謝の意を表したい。まず山下恵美子氏には正確で読みやすい翻訳を、そして阿部達郎氏は丁寧な編集・校正を行っていただいた。また本書が発行される機会を得たのはパンローリング社社長の後藤康徳氏のおかげである。

　2021年6月

長岡半太郎

CONTENTS

第1章
市場の動きにかかわらずリターンを向上させる

第2章
互いに無相関のトレードシステムがうまくいくわけ

第3章
ブル相場でも、ベア相場でも、横ばいでも儲ける

第4章
成功するためには、まず自分の目標をはっきりさせよ

第5章
利益目標を達成するためのポジションサイジング

第6章
トレードシステムの12の要素

献辞

父さんへ。無条件に私を愛してくれてありがとう。あなたは天国に旅立ってしまったが、あなたのことを1日たりとも思わない日はない。

ジョゼ、ネイティ、ソフィアへ。君たちは本当に素晴らしい子供たちだ。私が自分自身のことをよく知ることができたのは、君たちのおかげだ。感謝する。

免責事項

　本書のなかで提示されるメソッド、テクニック、指標は必ず利益を生む、あるいは損失を出さないことを示すものではありません。過去の結果は必ずしも将来の結果を示唆するとは限りません。本書で提示する実例は教育目的のためのみに使用されるものとします。本書におけるいかなる記述も、売買注文を勧誘するものではありません。著者、出版社、およびすべての関係者は、本書を利用したことによって生じるいかなる損害についても一切責任を負いません。トレードは高いリスクを伴うものであります。

　仮想の運用成績結果には明らかに限界があります。実際の運用結果とは違い、仮想の運用成績結果は実際のトレードを示すものではありません。さらに、実際にはトレードは実行されていたため、結果が流動性の欠如といった一定のマーケットファクターの影響に対して過小補償あるいは過剰補償される場合もあります。一般に仮想取引プログラムは後知恵によって作成されたものです。いかなる口座も本書に示されているような利益や損失を生むことを補償するものではありません。

謝辞

　成功する人々は、素晴らしい結婚をして、支えてくれる素晴らしいパートナーを得たときにのみ成功するのだと私は信じている。私の妻、マデリンは私の人生に大きな影響を及ぼしている。私が自分の人生を最大限に楽しみ、望む自由を手に入れることができるのは、彼女が私を理解してくれているからにほかならない。私が迷ったり自信をなくしたとき、彼女は私の背中を押してくれる。これは非常に重要なことだ。私の成功は彼女の愛と支えによって成り立っている。彼女にはいくら感謝してもしきれない。

　出版社スクライブ・メディアのみんなに感謝する。彼らはチーム一丸となって素晴らしい仕事をしてくれた。特に編集者のハル・クリフォードは言語の達人で、私のアイデアや考えを、私のスタイルを尊重しながら、そして私が人々に私をどのように見て理解してもらいたいかという意向に沿って、非常に読みやすい文章に変えてくれた。彼の忍耐力は尋常ではない。私が本書にとってベストではないと思えるような方向に逸脱したときは正しい方向に引き戻してくれるし、新しいアイデアを出しても文句ひとつ言わない。思慮深いパートナーとも言える彼は、本書をできうるかぎりベストなものにするために、骨身を惜しまずに協力してくれた。思慮深いパートナーで、真の共同者であるハルに心より感謝する。

　友人でありパートナーでもあるトム・バッソは本書の原稿をじっくりと読んで、最高のアドバイスをくれた。おかげで本書はぐんとよくなった。彼とはこれまで何度も一緒に働いてきたが、今でも一緒に働き、セミナーも共同で主催している。彼と教える喜びを共有できることは私にとっては大きな喜びだ。

　最後になったが、エリート・メンタリング・プログラム（Elite

11

Mentoring Program）とクオンタム・マスターマインド（Quantum Mastermind）のすべての受講者に直接お礼を言いたい。正直に言って、あなた方が私の人生にどれほどの影響を与えたかを、あなた方はまったく分かっていない。私は教えるのが大好きで、トレードも大好きだ。でも、トレードは孤独な職業だ。妻も友人のほとんどもトレードには興味がないため、彼らとはトレードの話はできない。そんななか、聡明で真剣で同じ志を持つグループとトレードの話ができることは、私にとってはこのうえない喜びだ。彼らは賢い質問をし、素晴らしいフィードバックを与えてくれる。私が良いトレーダーになれたのは彼らのおかげだ。私が目的を持ってエンジョイしながら人生を生きることができるのは、ひとえに彼らのおかげだ。

はじめに

　2009年３月に始まった10年間はファンダメンタルズな投資アドバイザーにとって素晴らしい10年だった。この10年の間、人々はお金を楽に稼いできた。なぜなら市場は上昇相場だったからだ。しかし、はっきりさせておこう。ブル相場とトレーダー個人のスキルを混同してはならない。しばらくの間はお金を稼ぐのが楽だったため、人々は市場は今後も上昇し続けると信じて疑わなくなった。

　しかし、人は物事を忘れやすい。2008年に市場が経験したことを多くのトレーダーはすでに忘れている。2018年の終わりには、市場の下落というものがどんなものなのかを思い出させる事態に陥ったが、本書執筆の2019年半ばには、市場は再び史上最高値を更新している。しかし、遅かれ早かれ、ブル相場は終焉を迎える。つまり、ベア相場がやって来るということである。それがいつになるのかは分からないし、その規模も分からない。しかし、ベア相場がやって来たとき、それは人々の想像をはるかに超える大きなものになることは確かだ。私が本書を書いているのは、どんな市場状態であってもこの本を読んだ読者の方々が大儲けできるようになることを願ってのことだ。つまり、市場が上昇相場になろうと、下落相場になろうと、横ばいになろうと、市場のどんな動きにも無縁でいられるようにするということである。それができなければ、あなたはこの８年から10年の間に稼いできた利益の一部か、すべてを失うことになるだろう。汗水たらして稼いだ利益が、ものの半年ですべて消えてしまうのである。

　私が一緒に仕事をしているトレーダーは共通の恐怖を持っている。トレーダーたちは自分が何をやっているのかが分からないのである。幾ばくかのお金は儲けられるかもしれない。利益を出すこともあれば、損をすることもある。しかし、市場が反転することを常に恐れている。

反転するとどうなるのか、何をすればよいのか。得た利益を失うかも
しれない。市場が上昇すればするで、今度は下落相場がやって来るこ
とを恐れる。そのためにどんなことを準備すればよいのかが分からな
い。

　本書を読んでいる多くの読者は、2008年の大暴落のような大きな下
落相場を生き抜いてきた人だろう。記憶は薄れていくかもしれないが、
それが消えてなくなることはない。投資アドバイザーを雇っていた人
もいるかもしれないが、そういったアドバイザーは市場が上昇してい
るときにはベンチマークをアウトパフォームできず、市場が下落して
いるときは、ベンチマーク以上の損失を出す。こんなパフォーマンス
しか出せない彼らに、あなたは手数料を支払う必要があるだろうか。

もっと良い方法

　投資アドバイザーにお金を支払うよりも、もっと良い方法がある。
それは、互いに無相関の複数の定量的トレードシステムを同時にトレー
ドするという方法だ。これらのシステムを組み合わせたシステムは、
株式市場がどんな振る舞いをしてもお金を儲けられるシステムだ。ブ
ル相場でも機能し、横ばいやベア相場でも機能する。市場が何をして
いるかなど気にする必要は一切ない。市場が何をしていても、あなた
は富を築き続けるだけだ。2017年に私は『The 30-Minute Stock
Trader（ザ・サーティー・ミニット・ストック・トレーダー）』（パ
ンローリングより近刊予定）という本を書いた。これらのアイデアは
同書のなかで紹介されている。本書はこれらのアイデアをさらに掘り
下げて、市場状態によらずリスク調整済みリターンをさらに向上させ、
あなたの目標をしっかり理解し、その目標、目的、リスク許容量に基
づいてシステムを構築する方法を示すものだ。このあと、あなたにと
っての正しいシステムを構築するための基本的なことを説明していく。

そのためには、あなたの目標とリスク許容量をしっかりと知る必要がある。あなたの目標を明確に知り、どういったリターンやリスクを目指しているのか、どのように買ったり、売ったりしたいのか、あなたにとって魅力的なトレードスタイルとはどのようなものかを明確に理解できてこそ、あなたに合ったシステムを構築できるのである。出来上がったシステムは、何があってもあなたが忠実に従うべきトレードシステムであり、恐れやためらいを抱くこともなく自信を持って使い続けることができるシステムだ。

これらのシステムは過去の価格データに基づいて構築する定量的トレードシステムだ。構築したシステムはシンプルな仕掛けのルールと手仕舞いのルールを持つ。これらのルールの過去の市場に対するパフォーマンスを定量化し、特定の市場状態における特定のシステムの統計的エッジ（優位性）を確立していくのである。

これらのシステムを組み合わせて、それらを同時にトレードすることで、パフォーマンスは指数関数的に向上する。1つひとつのシステムのパフォーマンスは問題ではない。これらのシステムを組み合わせることで魔法のような効果が期待できるのである。

おそらくこのアプローチの最も魅力的な部分は、いったん戦略を決めてトレードシステムを設定したら、あとはコンピューターに任せられる点だろう。トレーダーに不安を引き起こす感情や恐怖とはもう無縁だ。市場に関するあなたの価値観と信念とリスクとリワードに関するあなたの快適水準に基づいて、あなたが構築したアルゴリズムをコンピューターが実行してくれるのだ。市場が閉まったあとに、あなたは自分が達成したいことに基づき、毎日、毎週、毎月トレードするだけだ。難しい部分はすべてコンピューターがやってくれる。あなたは注文を出すだけでよい（もちろん、発注も自動化することができる。私はコンピューターを百パーセント、オートパイロットで実行しているし、私の受講者の多くもそうしている）。

本書は私がやっていることをただ単に模倣しろという入門書ではない。私のやることをまねしてもあなたにとってはうまくいかないだろう。なぜなら、あなたと私とは違うからだ。あなたの目標、望み、恐怖、心理は私のものとは違う。本書では、まず私のシステムと私がやっていることの背景にあるコンセプトを紹介し、そのあとで、あなたが構築することができる複数のトレードシステムを紹介する。隠しているものは何もない。買いルールと売りルールのすべてを紹介する。

　私のシステムに従ってトレードせよというつもりなどない。私のアプローチを使って、あなたが理解でき、受け入れることができ、従うことができるようなあなた自身のシステムを構築してもらいたい。あなたのシステムを規律に従って実行すれば、お金を儲けるための統計学的エッジを得ることができるだろう。本書では、1995年から2019年までの間、30％を超える年平均成長率（CAGR）を達成した、７つの無相関のシステムを同時にトレードするという方法を含む、定量的アプローチの方法を紹介するが、これはあなたが達成できるほんの一例にすぎない。本書はいわば、あなたが行くところができるところを示すガイドマップのようなものだ。私がやったことをまねするよりも、私が本書で教えるアプローチを使ってあなた自身の独自の方法を見つけだしてもらいたい。

　トレーダーはこれまでいろいろな市場環境に遭遇してきた。その１つが、1929年から1933年にかけての世界恐慌だ。また、1964年から1982年にかけてはインフレ率が劇的に上昇した。1987年にはブラックマンデーと呼ばれる株価大暴落が発生した。過去を分析すれば、過去に何が起こったのかは分かるが、将来何が起こるのかは分からない。将来は過去とはまったく同じではないかもしれない。似たようなものになるかもしれないし、まったく違ったものになるかもしれない。過去に発生したベア相場がどのようなものであったかを理解して構築したシステムは、過去10年ではうまくいかなかっただろう。しかし、再

びベア相場になれば、そのシステムはあなたの経済的生活を救ってくれるかもしれない。複数の無相関のシステム戦略を使えば、市場が何をしようとお金を稼げるのだ。

　結果を数値で出すことができる自動化トレードシステムをお探しなら、このアプローチはあなたに打ってつけだ。市場で損失を出すことを恐れることなく、富を築くための統計学的エッジをお望みなら、本書はあなたに打ってつけだ。

　しかし、トレードはエキサイティングなものと考え、ニュースに従い、将来的に何が起こるかを予測するためにほとんどのトレーダーが使っているアプローチを使いたい人には、本書は向かない。私のシステムは定量的分析に基づくもので、市場の歴史を振り返ることで市場の将来的なパフォーマンスについてのアイデアを形成する。トレードアプローチは、先を見て、「ファンダメンタルズ」に基づいて将来の株式パフォーマンスを予測するというものがほとんどだ。しかし、私のアプローチはこのアプローチとは正反対だ。ファンダメンタルズアプローチは、成長率や収益といったさまざまなファクターを分析して、意思決定を下すもので、ウォーレン・バフェットやチャーリー・マンガーが使っているアプローチだ。もちろん私は彼らを尊敬しているが、彼らのやり方には従わない。スキルと長年の経験がものを言う銘柄選択のような予測的な方法を使うよりも、私はトレードを仕掛ける前にそのトレードの統計学的エッジを知りたい。私が重視するのは過去の値動きであって、特定の銘柄のファンダメンタルズには興味はない。

私はこのトレード手法をどのようにして学んだか

　私は典型的な投資アドバイザーではない。というよりも、私はそもそも投資アドバイザーなんかではない。私はトレードを独学で学んだ。1990年代には私はメキシコで急流下りの会社を経営していた。家族は

オランダで小さなベンチャーキャピタルを運営していたが、トラブルに陥った。会社が雇っていたアドバイザーの働きぶりが悪く、悪い投資が相次いだのだ。父は私に電話でこう言った――「聞いてくれ、このままでは経営は悪化するばかりだ。やつら（アドバイザー）はもう信用できない。信用できる人が必要だ」。私は危機に瀕した家業が心配だった。それでメキシコでの生活に別れを告げて実家に戻り、家業のベンチャーキャピタルの財務を一手に担うことになった。

　私には勉強が必要だった。数学の学位は持っていないし、経済学の学位も持っていない。でも、私には自分の頭脳があった。信じられないほどのやる気とハードワークもあった。信頼に基づいて父から私に課せられた仕事は、会社の業績を回復させることだった。それをどうやって達成すればよいのか、私は考えた。

　会社には2つの部門があった。さまざまな会社に投資するベンチャーキャピタル部門と、株式トレード部門だ。私は私たちが雇っている投資銀行アドバイザーは彼ら自身のことしか関心がなく、無能であると判断し、2～3カ月で全員を解雇した。

　私はポートフォリオを自分自身で管理する必要に迫られた。それは折しも2000年で、ドットコムバブルが崩壊しようとしているときだった。会社の過去の利益は瞬く間に消失していった。私たちの投資アドバイザーは言った。「ローレンス、心配はいらないよ。流れに任せておけば市場は必ず回復するから」。そのとき私は思った。「彼らは非常に賢明な人たちだ。彼らは大銀行の人々で、大きなビルを持っている。彼らを信じれば大丈夫だ」

　しかし、私は勉強し続けた。エンロンやワールドコムといった彼らや銀行が奨励してきた会社が破綻したとき、何が起こったかをこの目で見た。ポートフォリオのリスク・リワード特性はその価値がないと判断した私は、アドバイザーの意見に反して、すべてを現金に換えた。それはベア相場が始まろうとしていた時期だったので、これは英断だ

った。もし現金に換えていなければ、私たちはもっと多くのお金を失っていただろう。

　会社はまだ利益が出ていなかった。でも、それ以上失うこともなかった。そのときには外部アドバイザーはもう信用しなくなっていた。会社を運営し、家族に合った投資アプローチを見つけるために、私は勉強する必要があった。トレードコースを受講し始め、投資やトレードスタイルやトレード戦術に関する500冊以上の本を読んだ。その結果、私がたどり着いた結論は、自分のやっていることが統計学的にエッジを持っていると証明されたときだけしかトレードしてはならない、ということだった。

　ほとんどのトレーダーやアドバイザーはファンダメンタルズ分析に基づいて意思決定を下していることが分かるようになった。それは単に知識や経験に基づいて推測することを意味する。これは長期的に見ればうまくいくことはないだろう。

　私は自分のやっていることが正しいということを確認したかった。こうして私は、コンピューターにプログラミングすることができるシンプルなアルゴリズムを使った統計学的証拠に基づくトレードへと駆り立てられていった。過去の市場データを使うことで、もし過去にそのアプローチを使っていたら、どんな結果になっていたかということを知ることができるはずだ。もしこれらのトレードをこれらの定量的ルールに従ってコンスタントに行っていれば、少なくとも、どういった統計学的結果を得ることができたかが分かるはずだ。

　それで私は私のアイデアをプログラミングし、それを検証してくれるプログラマーを雇った。私のアイデアは基本的には論理的なものだった。そして2007年、私はこれらのアルゴリズムを使ってトレードを始めた。毎年利益が出た。2008年のベア相場のときでさえも利益が出た。私が家業に参加したのは、2000年のベア相場のときだったことを思い出してもらいたい。したがって、下落相場のときに儲けを出すシ

ステムが必要だった。このアプローチは2008年に利益をもたらした。私たちの家族の資金による投資は80％を超えるリターンを上げた。

　私のシステムは最初は原始的なもので、自動化もほとんど行っていなかった。私はまず２つのシステムでトレードを始めた。１つは上昇相場用、もう１つは下落相場用だった。この方法は2007年から2011年までは非常にうまくいったが、2011年に大きな打撃を被った。口座のドローダウンはバックテストによる予想最大ドローダウンを大幅に上回った。これは実際に起こり得ることだが、市場が下落相場に変わったときに許容しがたいほどの大きなドローダウンを出すシステムをヘッジするために、もっと多くのシステムが必要だと私は痛感した。また、２つのシステムを稼働して、各システムに資産の50％ずつを配分しているとき、１つのシステムが利益を生まなければ、大きなドローダウンを喫する可能性があることも分かった。しかし、もっと多くの無相関のシステムで同時にトレードすれば、お金を失うリスクはそれほど大きくないことにも気づいた。事実、リスク調整済みリターンを向上させることができる。

　ここは強調したい部分だ。なぜなら、これはこのアプローチの根幹をなす部分だからだ。つまり、「複数の無相関のシステムを同時にトレードすることで、統計学的にリスクを低減し、リターンを向上させることができる」ということである。

　これを否定する人はいるだろうか。

　はっきり言っておきたいのは、これはすぐにお金持ちになれるアプローチではないということである。むしろ、お金持ちになるのに時間がかかるアプローチと言ったほうがよいだろう。これにはトリックなど一切ない。これはパフォーマンスを保証するものでもない。これは事前に多くの努力を必要とするアプローチだ。しかし、これがうまくいくことはこれまで何度も見てきた。

　勉強を重ねるにつれ、私の戦術は研ぎ澄まされたものになっていっ

た。例えば、2007年から2011年までは使ったシステムはほとんどが平均回帰（またの名をカウンタートレンドと言う）システムだった。しかし、市場が上昇してこのシステムが機能するために必要なボラティリティが十分ではなくなると、システムが機能しなくなるときがときどきあった。これを受けて、例えば長期トレンドフォローのような補足的システムの必要性を感じた。勉強を重ねるにつれて私はますます洗練され、複数のシステムを同時にトレードする必要性をますます感じるようになった。当時、それはおよそ10年前になるが、私のアプローチはコンピューターのデータ処理能力に限界があったため、制約があった。何千という上場企業と非上場企業の何十年分もの日足データからなるデータベース上で複数のシステムを同時に動かすのには、コンピューターにはかなりのデータ処理能力が必要になる。こういった作業をこなせるパソコンが登場したのはつい最近のことだ。

　私が学んだことを人に教え始めたのは2013年のことだ。私が人に教えるのを好きになったのは、スキーのインストラクターや急流下りのガイドをやっているときだった。受講者たちがスキーが上達し、危険な急流でラフトをうまく操縦できるようになるのを見るのは楽しかった。教えることは自分のスキルを磨くベストな方法だということが分かった。また、何百万ドルという資金を持つ会社と競合していたため、プログラム開発に対する投資も必要だった。

　私がそんなに素晴らしいトレーダーなら、なぜわざわざ人に教える必要があるのか、とよく聞かれる。簡単に言えば、教えることで自分もより優れたトレーダーになれるからである。私が一緒に仕事をしている人々のなかには、私の知る最も賢明なトレーダーがいる。彼らはタフな質問をしてくることもあり、私は自分自身を彼らに対して、そして自分自身に対して明確に説明することを強いられる。長年にわたって教えることで、システムの欠点やエラーを防ぐことができるようになり、全体的な戦略も磨かれていった。私は人々を助けるのが大好

きだ。人に教えることで、自分のスキルに磨きがかかり、成果も向上している。これほど見事な相乗効果があるだろうか。

　コーチとしての私の仕事は、あなたに魚を与えることではなく、魚釣りの方法を教えることである。どの受講生もそれぞれに異なる。私が共に働きたいと思う人々は、熱心で、自分自身を向上させたいと思っている人、自分自身を理解したいと思っている人、そしてそれを実際にやる人だ。すぐにお金持ちになりたいと思っている人は多い。でも、それはラッキーでもなければあり得ないことだ。

　『ザ・サーティー・ミニット・ストック・トレーダー』を書いたことについてはすでに述べたが、私がなぜ同書を書いたかというと、私がトレードの旅を始めたとき、同書のような本がなかったからだ。私は利益の出せるトレーダーになる方法を7年かけて学んだ。私は市場が上昇相場でも、下落相場でも、横ばいでもお金儲けができることを示すための本を書きたいと思った。それが同書だ。私の2冊目の本である本書は、人々に無相関のシステムトレードのパワーを理解させ、買いトレードだけ行えば、あるいは少数のシステムだけをトレードすれば、どれほどのリスクがあるのかを理解してもらうために書いている。

　歴史は繰り返す。われわれはいつ繰り返すのかを知らないだけだ。過去に発生したことは、何らかの形で、将来的に再び発生する。あなたはそれに備えて、そこから稼ぐことができることをぜひ理解してもらいたい。それをどうやって成し遂げるのかについては、このあとのページを読んでもらいたい。市場が何をしていようと気にする必要などないのだ。

第1章

市場の動きにかかわらずリターンを向上させる

Better Returns Regardless of Market Performance

　2008年の初めころまでは多くのトレーダーは快調だった。最後の6年間は上昇気流に乗って気分は爽快だった。だれもがパーティーに参加したがった。あるいはすでにパーティーを楽しんでいる者もいた。この爽快さは永遠に続くのではないかと思えた。

　そのあと何が起こったかはだれもの知るところである。世界恐慌以来の最悪の金融危機の到来だ。9月にリーマンブラザーズが破綻すると、世界の金融システムはほぼ崩壊した。そのあとの数カ月にわたってS&P500は56％下落し、それまで好調だったトレーダーたちは夢から呼び起こされ、吐きたい気分に襲われた。下落する市場に乗り続けた人はお金の半分を失った。もう少し早く抜け出していれば、失った金額は少しは減っていただろう。保有し続けろとアドバイスしてきた金融アドバイザーに手数料を支払わなければならないとすれば、失った金額はさらに増えることになっただろう。

　退職を考えていたトレーダーは、大暴落前の水準に戻るためには税引き後のリターンとしておよそ100％のリターンを上げなければならないことが分かった。一度は降りたが、再び乗った人々がブレークイーブンに戻すまでには2013年までかかった。長い長い5年間で、その5年間で人々の生活は崩壊した。

　5年もの間、含み損を抱えたポジションを持ち続けることで、大き

な経済的苦痛を味わうことになった。仕事を続けることなく退職できると思った人々、すでに退職した人々は、再び仕事をしなければならない羽目に陥った。ただし、仕事があればの話だが……。まだ働いている人々は、果たして退職できる日が来るのだろうかと思った。痛みは経済的なことだけにとどまらず、精神的にも大きな打撃を受けた。だれかが「老後の蓄えを失った今、再び仕事をせざるを得ない」と言ったら、それは大きな痛みを経験した人々だろう。大暴落のときに売りサイドでトレードしていないかぎり——大部分のトレーダーは売りサイドでトレードしていなかった——、彼らは資金を守ることはできなかった。彼らは大金を失い、そして途方に暮れた。

　しかし、これは多くのトレーダーが経験した最初の大暴落ではなかった。その前の大暴落はわずか７〜８年前に起こったばかりだった。2008年の大暴落の要因は複雑で、要因を割り出すには数年を要するだろう。しかし、2000年のドットコムバブルの崩壊は絵に描いたようなブームと崩壊の例だった。インターネット株が新高値を更新するたびに、何をしているのかさえ分からないトレーダーはインターネット株を買った。彼らにはしっかりした投資プロセスなどなく、1995年から2000年にかけて株価が大暴騰するという異常な熱狂に参加したにすぎなかった。400年前にオランダで初めて起こったチューリップバブルと同じ道筋をたどっただけだった。

　バブルは市場の副産物だ。チューリップバブルは近代で起こった初めてのバブルだった。先物トレーダーたちによるこの投機バブルは、オランダのトレーダーがかつて経験したことのないもので、彼らは永遠に続くと思った。このバブルのピークは1637年２月で、チューリップ１つの球根が熟練工の年収の10倍にも跳ね上がった。そしてその年の５月には、価格はおよそ95％も下落した。それ以上の高値で買う人がいないことが分かると、市場は崩壊した。

　1990年代の終わり、人の口に上る話題は株式市場のことばかりで、

だれもが投資で儲けているように見えた。隣人も友人も儲けている。自分だけ取り残されたくはない。1999年のような急上昇する市場では、投資のプロたちがささやく時が来る。「もう十分上昇した。そろそろポジションを手仕舞って一息つこう」。彼らが利食いを始めると、市場は下落し始める。経験の浅いトレーダーは何が起こっているのか分からない。「このまま持ち続けよう。いや、もっと買ってもいいかもしれない。価格はいつものようにきっとまた上昇するはずだから。投資業界を見ているといつもそうなっているじゃないか」

　ただし、市場はいつも上昇するとは限らない。2000年の春、そのときはやって来た。20％の損失が30％になり、40％になり……と損失はどんどん拡大していった。耐えきれず、白旗を上げる人が増えていった。銘柄によっては70％、80％、あるいは90％も下がったものもあった。人々の損失は日に日に増えていった。口座を見つめて、ニュースを見る。いつしか人々はテレビをつけることさえなくなった。人々はCNNを見るのが怖かった。なぜなら、すべての数字が赤だったからだ。ブローカーからの明細書を見るのが怖くなり、トレードプラットフォームを開けるのが怖くなった。彼らの苦痛は絶頂に達し、もう現実を見ようとはしなかった。「もう我慢の限界だ。すべて売ってしまいたい。投資なんて金輪際まっぴらだ」

　バブルや大暴落は珍しいことではない。2017年の初めごろから2018年の終わりまでのビットコインでも同じことが起こった。大きく買われたあと、大きく売られた。

　ベア相場はいきなり大暴落から始まることもあるが、それはごく普通だ。1987年、市場は1日で21％下落したが、下落したのはインデックスだった。そのインデックスよりもボラティリティの高い銘柄に投資していたとすると、一晩で40％とか50％下落したかもしれない。もし信用取引していたら、追証を求められただろう。こうして人々は下落する市場で売らざるを得ない状況に追い込まれたのである。

1987年の大暴落は長くは続かず、市場は比較的短期間で復活した。でも、コンピューターのスイッチを入れて、あなたの買った銘柄が20％も下落しているのを見るのは恐怖以外の何物でもない。それは痛みを生み出し、痛みはパニックに変わる。1分ごとに損失はかさみ、人々はわれ先にと売った。彼らはブローカーに電話して、価格はどうでも構わないから、成り行きで売ってくれと嘆願した。もちろん、ここは最悪の売り時だった。しかし、彼らは売ることで精神的苦痛を和らげたかったのだ。

　1929年の大暴落はもっと悲惨で、これはかなり長く続いた。大暴落の前はみんなは舞い上がっていた。トレーダーたちはブル相場は自分たちのスキルだと勘違いした。パターンは同じだ。1920年代の間、株価は上昇を続けた。だれもが自分の投資の成果を自慢した。しかし、大暴落が起こったとき、それは人々を完膚なきまでに叩きのめすような大暴落だった。これは多くの自殺者を出した初めての大暴落だった。彼らは信用取引によって、レバレッジをかけていたため、返却不可能な額の借金を背負ったのである。それはまさにフリーマネーが蒸発したかのようだった。

　世界は大不況に陥った。ダウ平均は4年で87％下落した。87％も暴落すると、元に戻るのはほぼ不可能だ。インフレを考慮しなくても、1929年初期の水準に戻るまでに25年かかった。4年間にわたって売り圧力は続いた。株式投資のことを口にする人はだれもいなくなった。株式投資なんて考えたくもなかった。

　1929年から1933年までの大恐慌によるベア相場が終わるころ、市場は人間を崩壊させることもあることを人々は悟った。人々の心のなかでは、株式はみんなが欲しがるものから、だれも話したがらないものへと変わった。

　1929年のような長引く大暴落は空前絶後のものだった。近年では大暴落が起こってもすぐに回復して、暴落はせいぜい1年から1年半し

か続かないことが多い。

　こうしたシナリオは過去に何度も起こっている。それは形を変えて再び起こるだろう。それがいつかは分からないし、どれくらい続くかも分からない。どれくらい深いものになるかも分からない。私たちに分かるのは、それが必ず起こるということだけだ。

　ほとんどの人は、ブル相場がどういうもので、ベア相場がどういうものなのかは理解している。また、市場は横ばいになることもある。1964年から1982年までのダウ平均の正味パフォーマンスはゼロだった。この18年間でダウ平均は40％下落したが、同じだけ上昇した。また、この間は高インフレの時期でもあった。1970年代終わりの金利は14％から17％だった。もし1964年に株に投資して、1982年まで持ち続けていれば、リターンはゼロということになる。つまり、購買力の75％を失ったということである。

　ほとんどのトレーダーはこの歴史を理解していない。考えたくないと言ったほうがいいかもしれない。私たちは良かったときだけを思い出したがる。下落の痛みを思い出すよりも、良かったときだけを思い出したほうが精神衛生上、良いのだ。

トレーダーが犯す共通の過ち

　トレーダーたちと仕事を始めると、驚くのは彼らの多くがシステムを持っていないことだ。自分たちがやっていることが儲けを生むのかどうかを教えてくれるシステムを、彼らは持っていないのだ。私の受講生のなかにはポートフォリオマネジャーだった者がいるが、彼らはシステムを持たないで仕事をやっていた。彼らは何冊か本を読み、いくつかのルールも使った。だから、これは正しいということは分かる。しかし、それで実際にお金を儲けられるという統計学的証拠がないのだ。統計学的証拠がなければ、不安でしかたないし、確信も持てない。

株を買えば、市場が上昇しているかぎりは、株価は上昇するだろう。しかし、市場が下落したら、ポートフォリオがどうなるか彼らは分からない。ポートフォリオマネジャーの場合、最大のリスクは、市場が下落したら顧客を失うということだろう。それに、彼らのアプローチがうまくいくという証拠は何もない。「あなたの戦略はどんな仕組みになっているのか説明してくれ」と顧客に言われたら、彼らは困ってしまう。特別なルールもないし、市場がAや、Bや、Cになったら、どうなるのかも分からない。彼らに言えるのは、市場が上昇したら、おそらくはうまくいくだろうということくらいだ。

トレーダーのなかには、市場が下落するのを見て、そのまま持ち続けようと考える者がいる。「最後の3回は、下落してもまた上昇した。だから、このまま持ち続ける」と彼らは言う。この場合のリスクは、市場が下落し続けることがあることだ。1929年や2000年や2008年のときのように。

トレーダーが犯すもう1つの過ちは、知識の少ない人はトラブルに巻き込まれることが多いということである。彼らは知識が少ない割にはアクティブだ。戦略は部分的には良いが、戦略全体が良いわけではない。例えば、彼らは上昇相場ではいくらかは儲ける。彼らは利益は保全しなければならないことは知っている。だから、トレーリングストップを置く。例えば、10％のトレーリングストップを置いたとする。株価が10％下落すると彼らは損切りに引っかかる。するとそのあと、株価は再び上昇を始める。やがて株価は最高値を更新する。彼らは市場が彼らに逆らっているように感じる（この認識は合理的ではないが、彼らはこう感じるのだ）。

でも、彼らはこの機会を逃したくない。だから、市場が最高値を更新したところで再び買う。安く売って、高く買うとはまさにこのことだ。資本を保全するという考え方は間違ってはいない。しかし、彼らの過ちは、ボラティリティを正しく計算しなかったことだ。これから

起こることを理解して、もっと遠いところに損切りを置いておけば、一時的に下がったところで損切りに引っかかることはなく、そのまま上昇の勢いに乗り続けることができただろう。

彼らには将来に対する展望というものがない。これも過ちの1つだ。何万回もバックテストを行った定量的システムを持っていれば、たとえ最悪のときに損切りに引っかかったとしても、統計学的にはこんなこともときにはあることが分かる。間違っても、「市場が自分に逆らっている」とは思わないだろう。こうした展望がなければ、いつも最悪のときに買って、最悪のときに売っていると感じるだろう。「市場はなぜ私をやっつけにくるのだろうか」とあなたはあなた自身と勝手にマインドゲームをやっているだけだ。

ほとんどのトレーダーには一貫性に欠けるという問題もある。彼らは次のビッグウエーブを追いかけようとするが、いつも遅きに失する。彼らはあるトレードシステムを見て、過去6カ月のパフォーマンスが良かったからとそのシステムを使いたがる。でも、ほとんどの場合は何が起こっているのか分からず、事実から置き去りにされ、パフォーマンスを追いかけるだけだ。これは経済的に破綻するレシピにほかならない。システムをトレードするのは会社を経営するのに似ている。お金が儲からないときが何カ月も続く。でも、機会が訪れたときにお金を儲けられるように、ビジネスを続けることが重要だ。投資家も同じだ。システムを使い続けることが重要なのだ。でも、これができない投資家が多い。

トレードでは一貫性が重要。

経験に乏しいトレーダーの弱みに付け込むトレードアルゴリズムも実際にある。これらのアルゴリズムは彼らが売買するポイントを正確に知っており、それを利用するのだ。アルゴリズムはチャートパターンを見て、買い時を目ざとく見つけて大量に買う。しかし、彼らは買うのを突然やめる。すると株価は下落する。バックテストをしていな

かった人々はおじけづいて、売る。すると、株価は再び上昇し始める。こうしたことが起こるとき、経験の乏しいトレーダーは何が起こっているのか分からない。でも、これはどうしようもない。なぜなら彼らは市場の仕組みを読み解くことができないからだ。

人々はなぜ感情でトレードするのか

　人々はなぜ感情に任せたトレードをするのだろうか。世界は経済情報にあふれ、メディアも経済情報で飽和状態にあるように思える。しかし、ほとんどのトレーダーは理解していない。金融メディアは、必ずしもあなたにとって利益にならないことに関心を持っているということを。彼らの関心は、番組をできるだけ多くの視聴者に見てもらい、広告収入を得ることである。彼らはあなたを夢中にさせるような多くの情報を提供したいのだ。市場が下落したとき、つまり大きく売られたとき、あなたが番組を見ることを彼らは確信しているのだ。彼らはスクリーンにウォール街のパニックの様子を映し出し、いわゆるアドバイザーと呼ばれる人々にインタビューする。でも、彼らは実際にはアドバイザーではなく、意見を述べる人々にすぎない。彼らはゲームに夢中になり、自分たちの言っていることを信じてさえいるかもしれないが、彼らはテレビで見たことを基に単なる予想を述べているだけだ。

　テレビでは何もかもが赤になっているのが映し出され、チャートは下落トレンドになり、これから起こることをだれもが予測している。これらはトレーダーの恐怖と不安を大いにあおる。トレーダーは何をすればよいのか分からない。手仕舞うべきなのか。しかし、放送局が彼らに望むことはテレビを見続けてくれることだ。これが最も重要なことなのだ。それが彼らの目的なのである。

　ほとんどのトレーダーの振る舞いは感情的だ。彼らが認める以上に

感情的だ。彼らは口座を見て、物事をパーセンテージではなく金額で考える。それが彼らの自信を失わせる。彼らが合理的に考えることができないのは、1つには、CNBCではコメンテーターたちが恐怖を誘うホラーストーリーを語るからだ。もう1つは、トレーダーたちが物事を口座からすでに消えたお金で考えるからだ。こういった状況では百パーセント感情が先に立ち、理性的に考えることはできない。彼らは怖くなり、今あるものだけは維持しようとする。

あなたが非合理的で、恐怖を感じ、CNBCやウォール・ストリート・ジャーナルからさらなる恐怖をあおるような話が聞こえてくるような精神状態のときは、意思決定をする最悪のときだ。なぜなら、その意思決定は論理的な分析に基づくものではなく、銀行口座から失われているものに基づくものだからだ。人々は損をするのが大嫌いだ。損をすることには耐えられない。しかし、お金を儲けるにはお金をリスクにさらす必要があり、お金を失うこともあるということを受け入れなければならない。

人々は口座がどんなに大きくなっても、もっと欲しがる。お金がどれくらいあるのか、そして儲かっているのか損をしているのかを常に評価するのが人間というものだ。人々が陥るもう1つの落とし穴は、物事をパーセンテージではなく、金額で見てしまうことだ。仮の口座上で10%下落しても許容できる人は多いと思うが、実際の100万ドルの口座だと、「くそっ。10万ドルも損をした」と思う。1000万ドルの口座だと、損失は100万ドルになる。パーセンテージで言えば同じなのだが、損になった実際の金額を言われると理性を失うものだ。

この考えは私のなかにもある。トレードを始めたときのトレード口座は3万ドルだった。20%のドローダウンなら許容できると私は思った。それは金額に換算すると6000ドルだ。これくらいのドローダウンなら大丈夫だ。しかし、口座が200万ドルになると、20%は40万ドルだ。この数字を見ると戦略についてのあなたの精神状態は完全に変わる。

３万ドルの口座のときと戦略は同じで、市場の動きも同じだ。しかし、200万ドルの口座で40万ドルの損失を出したとき、あなたの考え方は変わる。なぜなら、損失の絶対値が大きくなったからだ。

感情に打ち勝つには

どんなに賢明なトレーダーでも彼を恐怖や非合理性の餌食にしてしまうのが感情だ。感情に打ち勝つには、まず第一に、統計学的な結果に裏打ちされた自動化トレードシステムを使う必要がある。第二に、そのシステムが合理的に設計されているのを知っていれば、コンピューターにトレードプロセスについての意思決定をさせることができる。そのシステムは感情的になっていないときに作成したもので、もちろんコンピューターに感情はまったくない。コンピューターはトレード戦略を表すアルゴリズムに基づいてトレードを実行するだけだ。その戦略があなたのリスク許容量を反映するように設計され、アルゴリズムがエッジ（優位性）を持っていることをあなたが確信していれば、あなたはコンピューターに従うことができる。この状態こそが最も望ましい状態だ。あなたは市場の日々の動きに影響されることはない。なぜなら、市場が何をしようと、あなたは長期的に見るとお金を稼ぐことができるシステムを持っているからだ。

例えば、市場が下落の兆候を示してきたら、下落相場でお金を稼ぐシステムをあなたは持っている。市場状態が変わっても影響を受けることはない。なぜなら、あなたはほかのシステムが損をしているときにお金を儲けられるようなシステムを構築したからだ。

私自身は50のシステムを組み合わせてトレードする戦略を使っている。ポジションやトレードについて、私が心配することは一切ない。起こり得るあらゆることに対してあらかじめ準備しているので、私の心はいつも穏やかだ。事実、私の妻は私の心に浮き沈みがあっても私

の精神状態が変わるのを見たことはない。このシステムが機能するという安心感を与えてくれるのは、このシステムが25年間にわたって常に一貫して正の期待値を出してきたからだ。

　このあとの章では、どんな市場状態のときでもお金を稼ぎ出す、複数の無相関のシステムを同時にトレードするシステマティックな方法を紹介する。と言っても、私のように50のシステムをトレードする必要はない。わずかな数のシステムでこれを達成できることを示していく。ベア相場になるかもしれないとか、別の市場状態になるかもしれないとビクビクする必要はまったくない。どういった市場状態になろうと、それに対応できるシステムを準備できるように、やるべきことをステップバイステップで説明していく。あなたのシステムのいくつかが損失を出したら、その損失はほかのシステムで補うことができる。

　私の目標は、あなたがトレードするときに感じる恐怖を緩和したり、なくすのを手助けすることだ。私の教えにしたがってシステムを構築すれば、不安はなくなり、恐怖も消える。市場が何をするのかを知ることは不可能だし、知る必要もない。市場が何をしようと、つまり、ベア相場になろうと、ブル相場になろうと、横ばいになろうと、そのための準備はできているから安心だ。ブル相場のときには買いシステムでお金を儲け、ベア相場になると売りシステムでお金を儲ける。市場状態にかかわらず、結果は改善され、ストレスは減り、生活上の不安も減る。

第2章

互いに無相関のトレードシステムが
うまくいくわけ

Why and How Noncorrelated Trading Systems Work

多くのトレーダーと同じように買いのみでトレードしているのなら、あなたの投資ライフはニュースの言いなりということになる。世界で何かが起これば、あなたはテレビや新聞で、「これは危険な状態だ」とか、「今、トレーダーには注意が必要だ」といったことを見たり聞いたりする。電話をかければ、市場についてのあふれんばかりの話を聞かされる。

あなたの耳には矛盾するいろいろな情報が入ってきて、あなたは何をすべきか分からなくなる。こうした状態は大きなストレスや不安を生む。

どの情報が本物なのだろうか。あなたがニュースで見たことはすでに株価に反映されている。ニュースでトレードしたいと思っているのなら、すでに遅すぎるのだ。

金融ニュースを見たり聞いたりする必要などない。

ニュースを見たり聞いたりしなければ、何が起こっていてもイライラすることはないから、こんな素晴らしいことはない。毎日言うことをコロコロと変える人々に頼る必要もない。

私がこれまでにやった最高のことは、金融経済ニュースを見たり聞いたりするのをやめたことだ。これは精神衛生上も良かった。私が頼ることができるのは、私のシステムが信頼の置けるものであるという

ことを知っていることと、その統計学的証拠だけだ。ニュースに頼っていたとき、買いポジションを持っているときはテレビのニュースや電話にくぎ付けだった。下落するのではないかと、いつも不安だった。下落する可能性があることをニュースで知ると、ストレスは天井知らずに上昇した。何をすべきなのか。売ったほうがいいのだろうか。それとも持ち続けたほうがいいのだろうか。一体、これから何が起こるのだろう。

それは恐怖以外の何物でもなかった。そして、これが私のトレードの助けになることはなかった。

あなたが構築するトレードシステムはニュースになど耳を貸さない。トレードシステムはプライスアクション（値動き）だけに基づくものだ。私たちは過去の値動きを見て、それを基に売り買いの判断をする。いつ買うべきか、いつ売るべきかを数値化する。何かを数値化できるということは、それはコンピュータープログラムにすることができることを意味する。コンピュータープログラムに変更できれば、あなたのアプローチが統計学的に有利かどうか、つまり前の値動きに基づいて一定の時期に買ったり売ったりすることが統計学的に有効かどうかを検証することができる。こうしたエッジ（優位性）を持っているとき、あなたはコンピューターに値動きに基づいて何をすべきかを決めさせることができる。ニュースに頼る必要もなければ、テレビのコメンテーターに頼る必要もない。最も重要なのは、感情抜きでトレードできることだ。

このようなアプローチはトレードから感情を取り除く。自分の信じるシステムを構築したら、何をいつ買うか、いつ売るかといった一番厄介な部分はコンピューターがやってくれる。例えば、長期トレンドフォローシステムを構築したとしよう。あなたはそのシステムがどんなときにお金を稼ぎ、どんなときに損を出すかを知っている。損を出すのはごく普通で、それはあなたも理解しているので、損を出しても

気にすることはない。あなたのシステムは出す損失よりも利益のほうが多い。それがあなたのシステムのエッジだ。

　毎日のニュースで語られていることはファンダメンタルズ投資についてのことがほとんどだ。つまり、ある銘柄がこれから何をやるのかを見るということである。しかし、私たちの定量的システムは逆の方向からのアプローチである。つまり、その銘柄が何をやったのかを見るということである。その銘柄がこれから何をするのかについては統計的な証拠などない。したがって、安心感はないということである。エッジと統計的証拠に基づいてトレードすることで、感情の入り込む余地はない。最大ドローダウンがどれくらいになるのか、そしてリターンがどれくらいになるのかについて、あなたには統計学的証拠をもう手にしている。したがって、安心してトレードすることができる。

　トレードスタイルはトレーダーの数と同じだけ存在する。しかし、複数のシステムを使った健全で成功するアプローチを作成するには、4つのトレードスタイルのみに集中すればよい。長期トレンドフォローの買い、長期トレンドフォローの売り、平均回帰の買い、平均回帰の売りの4つだ。

長期トレンドフォローの買いシステム

　このシステムでは、トレード対象となる銘柄のユニバースを調べて、上昇トレンドにある銘柄を探す。例えば、価格が6カ月前よりも20%上昇している銘柄を探すためのパラメーターを設定するといった具合だ。これはその銘柄が上昇トレンドにあることを意味する。あるいは、単純移動平均（SMA）を使って、終値が200日SMAを上回る銘柄を探す。これは、その銘柄が上昇トレンド途上にあることを見極める簡単な方法だ。買ったら、上昇トレンドにある間はその銘柄を持ち続ける。上昇トレンドにあるかぎり、お金を儲けられるからだ。

そして、トレンドが終わる兆しを見せたときに手仕舞う。

このシンプルなシステムでは、あなたは長期にわたって利益を出すことができるが、最後には利益の幾分かは市場に戻すことも覚悟する必要がある。天井で利食いしたいのはやまやまだろうが、いつ天井を付けるかを知ることはできないため、トレンドが間違いなく逆方向に変わるまでトレードにとどまる必要があるからだ。あなたはその銘柄が下落し始め、一定の点を交差するところに手仕舞いポイントを設定するだろう。例えば、20％のトレーリングストップを設定して、価格が高値から20％下落したら、手仕舞うといった具合だ。

比較的遠くにトレーリングストップを置けば、利益の幾分かは市場に持っていかれることは覚悟しなければならないが、少し下落したくらいでは時期尚早に手仕舞うことはない。こうすることで、長期的な上昇トレンドをとらえることができ、上昇している間はその上昇に乗り続けることができる。

平均回帰の買いシステム

平均回帰システムはトレンドフォローシステムの逆のアプローチだ。平均回帰の買いシステムの場合、売られ過ぎている銘柄で、平均価格に戻る統計的確率が平均以上の銘柄を探す。これは短期的トレードなので、数日以内の仕掛けと手仕舞いになる。

売られ過ぎの銘柄は、過剰に反応した可能性が高いため、価格が平均に戻る可能性が高いという事実を利用する。価格が平均に戻ったら、手仕舞う。このシステムはトレード頻度が高く、勝率も高い。おそらく60％のトレードが勝ちトレードになるだろう。ただし、トレード期間が数日と短いため、高い年次リターンを上げるためには、多くのトレードを行わなければならない。ここがトレンドフォローと異なる点だ。完全なるトレンドフォロートレードの場合、仕掛けたら手仕舞う

ことはなく、永遠に上昇トレンドに乗り続ける。

平均回帰の売りシステム

　平均回帰は売りのシステムも可能だ。平均回帰の売りシステムの場合、買われ過ぎの銘柄を探して、価格が平均に戻ることを期待して売る。市場では、いわゆる「スチューピッドマネー」（ダムマネー。冷静な判断ができない投資家）が参入し、スマートマネー（機関投資家）が出口に向かう瞬間がある。これが買われ過ぎのサインだ。このような場合、価格が前の価格水準に下落する統計学的確率は平均よりも高い。あなたが利益を得るのはこのときだ。

長期トレンドフォローの売りシステム

　トレンドフォローも、買いだけでなく売りもうまくいく。2008年や1929年に激しい下落トレンドが発生したときのように、市場が明確な下落トレンドを示しているときにはシンプルな売りのシステムは非常に有効だ。

　以上の４つのシステムが私たちのアプローチのコアとなるシステムだ。このあと分かってくると思うが、これら４つのシステムを組み合わせることで非常に強力なシステムを構築することができる。

最適化について

　現在のコンピューターの処理能力は、ともすれば、将来を的確に予測することではなく、過去をきれいに説明するバックテストを生成してしまう。しかし、それは過剰最適化につながることが多いので注意

私のバックテストの方法

　本書のバックテストは1995年から2019年までのヒストリカルデータを使って行った。1995年以前にさかのぼると、データの質が低下する。一方、データを1995年から始めることで、ドットコムバブルと2000年の崩壊が含まれる。ドットコムバブルとその崩壊は、ブームと崩壊が最も速く起こった例の1つだ。さらに、2008年の世界金融危機（リーマンショック）、2010年のフラッシュクラッシュ、2018年のVIXショックも含まれる。サンプルサイズを大きく取ることは非常に重要だ。経験の浅いトレーダーは2017年から今日までのデータを使ってバックテストを行うかもしれない。すると、結果は素晴らしいものになる。しかし、バックテストのときのデータとまったく異なる市場環境になると、結果はまったく違ったものになる。

　私が使うのは日々のヒストリカルデータで、これには始値、高値、安値、終値、出来高、調整後の終値（適用可能なすべての株式分割と配当を調整したあとの終値。このような調整を行わなければ、データにひずみが生じる）が含まれる。信頼の置けないデータに基づいてシステムを構築したくはない。許容誤差の少ない短期トレードは特にそうだ。

　サバイバルバイアスが含まれることを避けるために、データには必ず上場株と非上場株を含めるようにする。2000年にナスダックやNYSE（ニューヨーク証券取引所）に上場していた銘柄を見てみよう。リーマンブラザーズ、ワールドコム、エンロン、ファニーメイ、フレディーマックはいずれもNYSEに上場していた。上場企業は株価がゼロになったとき（ゼロで引ける）、上場は廃止され、どの取引所にも上場できなくなる。なかにはまったく取引されないものもある。バックテストに生き残った会社のみを含め、倒産した会社を含めなければ、サバイバルバイアスによって買いシステムは実際よりもはるかに良い

パフォーマンスを示すことになる。つまり、結果が歪められるということである。

現在、私たちは4万を上回る銘柄を含むデータで検証を行っているが、そのうちのおよそ半分は上場廃止になった銘柄だ。

システムでは株価分割も考慮に入れる。こうした調整を行わなければ、ある日株価が600ドルだった企業が1対4の株式分割を行えば、翌日の株価は150ドルになる。これでは大損したように見える（売っているときは大儲けのように見える）。

バックテストには配当は含めない。なぜなら、年間配当を支払っている瞬間、あなたはその銘柄を持っていないかもしれないし、会社が配当支払いや配当方針を変えることもあるからだ。買いシステムの場合は、これでリターンは減少する（保守的な結果）。株式を長期にわたって保有して配当を受け取る可能性が高い株式の買いポジションは特にそうだ。株式を3日間保有しているときよりも、300日間保有しているときのほうが配当を支払う可能性は高い。売りシステムの場合、保有期間は短いため配当を受け取る可能性は低い。しかし、配当を支払うこともときたまある。配当を含めないことで、バックテスト結果は実際のトレードよりも保守的なものになる。

バックテストには手数料は必ず含める必要がある。私は手数料として1株当たり0.5セント、1トレード当たり最低でも1ドルを想定している。これはブローカー（インタラクティブブローカーズ）に支払う手数料で、これに若干のスリッページを加算する。手数料に関しては、できるだけ正確かつ低めに見積もるのが重要だ。

私が使っている1995年から2019年までのデータは長期的には明らかに買いに偏っている（買いバイアス）。これは過去のデータであり、過去を知るのには役立つ。しかし、私たちが将来について知り得ることは、将来が過去とは違ったものになるということだけである。あなたはバックテスト結果を見て、長期的に見ると市場は買いバイアスだ、

したがって長期トレンドフォローシステムでもっとトレードすれば、パフォーマンスは向上すると結論づける。しかし、それは過去においてはそうだったというだけである。私たちは将来的には何が起こるか分からないと想定してトレードしなければならない。なぜなら、将来的に何が起こるかは私たちには分からないからだ。私が買いシステムと売りシステムを同量だけトレードするのはそのためだ。トレンドフォローがうまくいくときもあれば、平均回帰がうまくいくときもある。買いシステムがうまくいくときもあれば、売りシステムがうまくいくときもある。

現金に対する利息も勘案しない。1990年代は金利が今よりもはるかに高かったが、今ではブローカーからの金利収入はほとんどない。しかし、信用取引するときには金利を支払わなければならず、これは考慮に入れている。

が必要だ。

私は堅牢なパラメーターを選ぶようにしてきた。例えば、**表1**は1つのシステムのいくつかのパラメーターと結果を示したものだ。

この検証では、仕掛けの基準の1つとしてSMA（単純移動平均）フィルターを使っている。本書ではSMAの日数として100日を使っているが、表を見ると理由が分かるはずだ。この表ではSMAの日数を変化させたときの結果を示している。結果はSMAの日数にかかわらず、似たり寄ったりだが、SMAが100日のときの結果（MARレシオ［平均年率リターン÷最大ドローダウン］を使って測定）はちょうど中間に位置する。これは堅牢性を示す大きなサインだ。SMAの日数として90日を使っても、95日、105日、あるいは110日を使っても結果に大きな違いはなく、ほぼ同じだ。

表1　SMAの日数を変化させたときのパラメーターと結果

検証番号	SMAの日数	CAGR	最大ドローダウン	MARレシオ
1	70	21.75%	47.90%	0.45
2	75	22.41%	47.50%	0.47
3	80	22.87%	43.40%	0.53
4	85	22.76%	42.70%	0.53
5	90	22.53%	42.70%	0.53
6	95	22.50%	41.90%	0.54
7	100	22.52%	42.10%	0.53
8	105	22.88%	42.00%	0.54
9	110	22.88%	41.40%	0.55
10	115	23.57%	41.10%	0.57
11	120	23.99%	37.90%	0.63
12	125	22.66%	47.50%	0.48
13	130	22.55%	47.70%	0.47

　この**表1**のなかには外れ値が1つあることに気づくはずだ。ほかよりもはるかに良い結果を生み出す移動平均が1つある。それは120日SMAだ。このときのMARは0.63である。120日SMAを選ぶことで、このシステムがいかに優れているかを示すこともできるかもしれないが、その結果はいくつかの素晴らしいトレードとランダムさに依存していることだろう。これら2つが組み合わさって、偶然良い結果を生み出したのである。この最良の数値をシステムを代表する数値として示すのは現実的とは言えない。また、そういったアプローチは、実際よりも良いものを生み出すため、自分自身をだますことになる。

　図1を見てみよう。MARのピークである0.63の次ではMARは0.48に急激に低下している。これは堅牢な100日SMAのMARである0.53を大きく下回る。

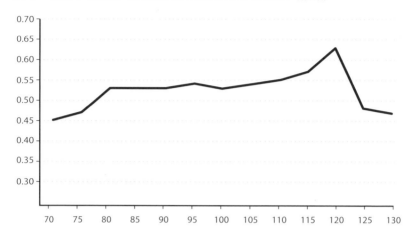

図1　SMA（横軸）の変化に伴うMARレシオの値（縦軸）

将来の予測をするな

　ファンダメンタルズな株式投資とは違って、定量的トレードのコアとなる原理の1つは、その銘柄の将来の挙動を予測しない、というものである。銘柄が将来にどのように動くかは私たちには分からない。私たちに分かっていることは、銘柄は過去とは違った動きをする、ということだけである。その銘柄は上昇相場になることもあれば、下落相場になることもあり、横ばいになることもある。トレンドフォローが平均回帰よりもうまくいくときもあれば、その逆のときもある。

　それに、あなたのシステムはエッジを持つように、そして長期的には損失よりも利益が多くなるように設計すべきなのだ。
　市場が上昇しているときにお金を稼ぐ長期トレンドフォローシステムを持っていると仮定しよう。あなたは市場が下落し始めたらシステ

信用取引

　本書で提示する組み合わせシステムは、買い100%のフル投資と売り100%のフル投資を同時にトレードすることができるという前提の下で検証している。買いシステムは売りシステムを補う傾向があるため、買いシステムと売りシステムを同時にトレードすることでベストな結果を出すことができ、それが最も理にかなったアプローチである。さらに、ポジションサイジング（第5章を参照）を注意深く行い、複数の互いに無相関のシステムを同時にトレードすることで、売りトレードのリスクは大幅に軽減される。

　トレーダーやブローカーによっては、買い100%のフル投資と売り100%のフル投資を同時に行うことを好まない人もいる。もちろんもっと少なく（例えば、買い50%、売り50%）トレードすることもできる。これによって年平均成長率は低下するが、最大ドローダウンも低下する。しかし、システムの裏にある原理は同じだ。

　実際のトレードでは、買い100%のフル投資と売り100%のフル投資を同時に行いたくても、そうすることはまれだ。十分なセットアップが見つからないためにフル投資できないこともあれば、あなたのセットアップの範囲内で設定した仕掛けパラメーターによってトレードが執行されないこともある。

ムは損を出すことは知っている。これまでに大金を稼いできた。しかし、価格が20％下落したのであなたは手仕舞った。つまり、20％のドローダウンが発生したということである。

　もし強欲で売る（需要とモメンタムが高まったときに売る）売りシステムを同時にトレードしていれば、そのシステムはブル相場では損失を出す。システムは毎日少しずつ損をする。しかし、市場が下落相

場に変われば、売りシステムは大きな利益を出し始める。例えば、30％の利益を出したとしよう。両方のシステムを合わせると、20％の損失と30％の利益を出したことになるので、トータルで10％の利益になる。市場は下落しているにもかかわらず、10％の利益が出たわけである。

　買いシステムと売りシステムを組み合わせてトレードすることで、20％の損失ではなく、またブレイクイーブンに戻す必要もなく、10％の利益を出した状態でトレードを続けることができる。組み合わせシステムは両方を組み合わせた資産曲線において10％のアドバンテージを与えてくれたのである。このように、システムを組み合わせることで、資産曲線は平滑化され、長期的に見ればお金は累積されていくのである。

　これこそが互いに無相関のシステムを組み合わせることのマジックなのである。システムを組み合わせることは、個々のシステムの個々のパラメーターよりも10倍重要だ。だれもが個々のシステムのパラメーターを最適化したがる。そのため、個々のシステムは高度に最適化されたものになる。しかし、高度に最適化されたシステムは過去のことしか教えてくれない。

　しかし、システムを組み合わせれば、組み合わされたシステムは互いを補い合う。重要なのは、1つのシステムが利益を出している間、もう1つのシステムの損失を抑えることである。

システム構築の原理

将来を予測するな

　前にも述べたように、ファンダメンタルズトレーダーとは違って、私たちは市場が将来どうなるのかは予測しない。将来がどうなるのか

は分からないので、私たちは何らかの形で４つのスタイルでトレードする必要がある。トレンドフォローの買い、トレンドフォローの売り、平均回帰の買い、平均回帰の売りの４つだ。

バックテストされたシステムをトレードせよ

あなたがエッジを生み出せるかどうかを知る唯一の方法がバックテストだ。多くの人はチャートを見て、「ここで仕掛けてここで売れば利益になる」と言う。しかし、彼らは見たいものしか見ない傾向がある。10回のうち９回は、うまくいくと思ったことはリアルタイムではうまくはいかない。あなたのアイデアをバックテストできれば、あなたのアイデアがエッジを持っているのかどうか知ることができるため、大金を節約することができる。あなたはどの市場状態であなたのシステムがどのように機能するのかを知る必要がある。コンピューターは、あなたのルールがお金を稼ぐのに役立つのか、損をすることに貢献するのかを教えてくれる。

あなたの目標に合ったシステムを構築せよ

第４章で述べるように、あなたに合った戦略で、あなたの目標に合うようにトレードすることが重要だ。そのためには、あなたが何を欲しているのか、あなたのリスク許容量はどれくらいなのかを知り、自分にとって快適な空間にいることが重要だ。

このアプローチの難しい点

システムを構築して、バックテストも行った。バックテストは、年平均成長率が15％で、年間最大ドローダウンが５％であることを示し

ている。数値としては満足できるものなので、そのシステムを使ってトレードを始める。しかし、ここが危険なところなのである。あなたは毎年15％の利益を出せると思ってしまうのである。しかし、それは間違いだ。

　１年目は30％の利益を出す。気分は最高だ。しかし、２年目、利益はゼロだった。あるいは、最大ドローダウンが12％だった。これは快適とは程遠い。そして３年目、25％のリターンを得る。長期的には年平均成長率は15％になるかもしれないが、リターンは年ごとに大きく変動することもあるのだ。これは人によっては耐えがたいことだ。あるいは、システムには何ら問題がないにもかかわらず、システムを捨ててしまう人もいるかもしれない。バックテストが出した年平均成長率が15％という数値は、平均にすぎないことを覚えておこう。

　トレードを始めた１年目、リターンがゼロになることもある。これは15％という数値とは矛盾する。しかし、だからと言ってシステムに問題があるわけではない。これは、結果は予想以上に変動するという事実を反映しているにすぎない。例えば、長期トレンドフォローの買いシステムを偶然にも2009年のベア相場の終わりにトレードし始めたとすると、次の９年間は、何て素晴らしいシステムなんだと思ったかもしれない。しかし、そのシステムを10カ月早くトレードし始めていれば、すぐに30％のドローダウンに陥り、システムには重大な欠陥があると思っただろう。しかし、長期にわたってシステムを使い続けていれば、結果は平滑化されて向上するのだ。

IRAをトレードするときの限界

　金融規制によってIRA（個人退職勘定）では株式の空売りは禁じられており、信用取引口座を持つこともできない。次章で説明するように、マーケットニュートラルとは、信用取引を使って、買い100%のポジションと売り100%のポジションの両方を同時に持つことを意味する。IRAを持つ人のなかには、買いだけを行い、市場が反転したら手仕舞って現金にするという人もいれば、IRAでインバースETFを買う人もいれば、ほかの口座を空売りに使う人もいる。

第3章

ブル相場でも、ベア相場でも、横ばいでも儲ける

Make Money in Bull, Bear and Sideways Markets

2008年、私はトレードで利益を出していた。市場は2003年以降、ずっと上げ続けてきた。しかし2008年に市場が大暴落したことはすでにご存じのとおりだ。そのときに買いシステムだけをトレードしていたとすれば、損失を出していただろう。どんな買いシステムを使っていたかは問題ではない。どの買いシステムを使っていたとしても損失は免れなかった。しかし、私は買いと売りの両方をトレードしていた。

2000年から2002年にかけてはベア相場だった。私はベア相場は再びやってくると思っていた。そのときにもし買いだけのトレードをしていれば、損失を出すだろう。私は上昇相場でも一種の保険として売りのトレードをする必要があることを知っていた。2008年、S&P500は56％下落した。しかし、私は買いと売りの両方をトレードしていたので、その年は利益が出た。私は市場が下落しても特に気にはならなかったので、神経質になることはなかった。私は市場の挙動をうまく利用できる立場にあった。その年のリターンはおよそ80％だった。

買いと売りの両方でトレードすれば、市場の方向はそれほど気にする必要はないことは、私のこの経験が何よりの証拠だ。市場が振るわないときでも、自動化された互いに無相関なトレードシステムは完璧だった。私は大きな解放感を感じた。

本章では、４つのシステムの実例を使って、私のアプローチの結果

表2　S&P500のパフォーマンス（1995〜2019年）

1995/01/02〜2019/07/24	SPY
CAGR	8.02%
最大ドローダウン	56.47%
最長ドローダウン期間	86.1カ月
年次ボラティリティ	18.67%
シャープレシオ	0.43
MARレシオ	0.14
トータルリターン	562.51%

と、その結果を得た背景にある概念について見ていく。

ベンチマークとなるパフォーマンス

　私たちのシステムのパフォーマンスを見ていく前に、まずベンチマークを設定しておこう。よく使われるベンチマークはS&P500だ。1995年1月から2019年7月までのS&P500のパフォーマンスは**表2**に示したとおりである。

　前にも述べたように、市場は大きく上昇したかと思ったら、大きく下落し、回復するまでに何年もかかるということを理解しておくことは重要だ。

　図2を見ると分かるように、予想を超える大きな下落に見舞われる可能性もあり、回復するまでには何年もかかる。1995年から市場は大きく上昇していた。これは活況を呈するブル相場だった。やがてバブルが崩壊する。S&P500は2000年4月から下落し始め、結局49％下落した。これは回復するまでに86カ月もかかった。これは7年以上に相当する。S&P500は2007年には史上最高値を更新し、そのあと再び下落した。このときの下落幅は56％で、これは回復するまでに65カ月（5

図2　S&P500のパフォーマンスとドローダウン（1995～2019年）

― 総資産とドローダウン

年半）かかった。

2018年終わりの暴落からは急速に回復しているのが分かる。しかし、こうした暴落からの急速な回復や過去10年間の歴史的ブル相場にだまされてはならない。2000年にS&P500を買っていれば、利益が出るまでに13年かかっただろう。1929年から1932年にかけて市場は89％下落し、最高値を更新するまでに25年もかかった。

将来は過去と同じようにはならない。将来は過去とは違ったものになるだろう。そして、遅かれ早かれ、ベア相場は必ず戻ってくる。トレーダーはこうした歴史を忘れがちだ。特に、過去10年がブル相場だったために、ベア相場のことなど記憶から消えてしまっている。私たちのアプローチは、市場がどう動こうとお金を稼げるように準備することである。そして、直近のブル相場が永遠に続くといった考え方に陥らないようにすることである。

表3　バークシャー・ハサウェイのパフォーマンス（1996〜2019年）

1996/05/09〜2019/07/24	
CAGR	9.87%
最大ドローダウン	54.57%
最長ドローダウン期間	64.9カ月
年次ボラティリティ	23.01%
シャープレシオ	0.43
MARレシオ	0.18
トータルリターン	791.07%

図3　バークシャー・ハサウェイのバイ・アンド・ホールのパフォーマンス（1996〜2019年）

　図2は1995年以降のS&P500のパフォーマンスを示したもので、これは本書のベンチマークとなる。比較のために、世界で最も有名で最も裕福な企業（バークシャー・ハサウェイ社）のパフォーマンスを**表3**と**図3**に示している。

　トレーダーのなかには、よく運用されたファンドを買えばS&P500

を上回ることができると思う人もいる。バークシャー・ハサウェイは世界で最も有名なコングロマリットだ。ウォーレン・バフェットは、現役としては最高の株式トレーダーだと言われている。おそらく純利益に限ってはこれは正しい。しかし、これは彼が長年にわたってゲームに参加し続けてきたからにほかならない。つまり、彼は複利のマジックを使ってこうした純利益を上げているということである。彼のパフォーマンスはS&P500のそれよりも優れているが、彼は資本の半分を失うドローダウンを2回経験し、それは5年以上にわたって続いた。もし2008年秋にバークシャー・ハサウェイを買っていれば、53%のドローダウンに陥っただろう。

　こんな大きなドローダウンに耐えられる人は果たしているだろうか。「彼は腕が鈍ったな。こんな銘柄はパスだ」とほとんどの人は言うだろう。もちろんバークシャーは復活した。しかし、それはバフェットに甚大な忍耐力と待つ勇気があったからだ。彼の戦略は買いだ。ほとんどの人は、およそ10%のリターンに対して、資産の半分も失えばゲームに参加し続ける気持ちなど失せてしまうだろう。

　バフェットのようなトレーダーはうまくいっているときは世間の注目を浴びるが、負の面はあまり知られていない。何よりも、彼らはほかのトレーダーがトレードをやめようというときにゲームに参加し続ける強い意志を持っている。彼らのパフォーマンスのボラティリティの高さは、1つのシステムでトレードすることの欠点を浮き彫りにするものだ。

　バークシャー・ハサウェイは配当を支払わないので、私たちのシステムとの比較は簡単だ。私たちはバックテストするときに配当を含まないので、バークシャーの結果と私たちの結果は同一条件で比較することができる（私がこういった保守的なアプローチを取るのは、過去の配当支払いが将来も同じ利回りで続くかどうか分からないからだ）。

　このあとの章では、7つのシステムを組み合わせる方法をステップ

表4　TMSトレードシステムとS&P500のパフォーマンス

1995/01/02～2019/07/24	TMSトレードシステム	SPY
CAGR	30.44%	8.02%
最大ドローダウン	11.83%	56.47%
年次ボラティリティ	11.22%	18.67%
シャープレシオ	2.71	0.43
MARレシオ	2.57	0.14
トータルリターン	68115.39%	562.51%

図4　TMSトレードシステムの資産曲線

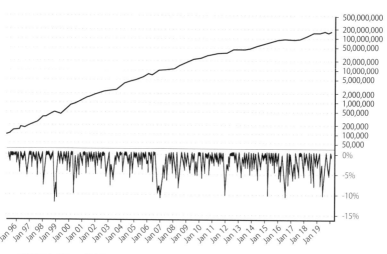

■ 総資産とドローダウン

バイステップで示していく。７つのシステムを組み合わせたときのパフォーマンスは**表4**と**図4**に示したとおりである。

このアプローチはほとんどのトレーダーが慣れ親しんだ方法とは大きく異なる。このアプローチの長所は以下のとおりである。

●年平均成長率（CAGR）がSPY（S&P500のETF［上場投資信託］）よりもかなり高い。SPYのおよそ４倍。

●ドローダウンがSPYよりもはるかに小さい。SPYのおよそ４分の１。

●最長ドローダウンがわずか11カ月。これに対してSPYは７年を上回る。

●1995年以降、このシステムは毎年利益を出してきた。

●このシステムはブル相場で利益を出す。

●このシステムは横ばいで利益を出す。

●このシステムはベア相場でも利益を出す。

●このアプローチはSPYよりもはるかに堅牢であるということだ。バックテストでは、どんな市場状態でも常に２桁のリターンを上げている。

鍵を握るのは４つの基本的なトレードスタイル

　市場の方向に頼ることなく、あなたを保護する方法は２つある。１つは、互いに無相関の資産をトレードすること。以前は株式と債券は無相関だと教えられてきたが、実際には常に無相関とは限らない。理論的には、一方が下落すれば、もう一方は上昇することになり、逆相関の関係を持つ。私のアプローチでは主として株式をトレードするが、極端な時期にはすべての株式は相関性を持つと私は想定している。したがって、私は株式のさまざまな値動きを利用する無相関のシステムを使う。

　私のシステムは第２章で紹介した４つの基本的なシステムが基になる。以下では、これら４つのシステムのそれぞれのアプローチについておおまかに見ていく。細かいルールやパラメーターについてはのちほど説明する。

図5　REGNの長期のトレンドフォローの買いトレード

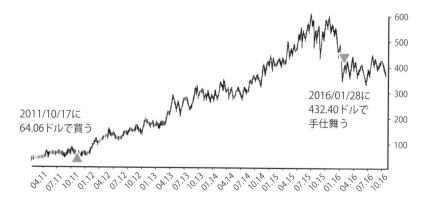

長期トレンドフォローの買い

　図5は買いだけのトレードをする長期トレンドフォローシステムを示したものだ。このシステムは、トレンドが上昇トレンドにあるときにトレードを開始する。このシステムの唯一の仕事は、市場が上昇して株価が上がっているかぎり、トレンドに乗り続けゲームにとどまることである。トレンドが下落に変わるという明確なサインがあるまで、ポジションを保持する。そして、下落トレンドに変わってから手仕舞う。

　この例では、リジェネロン（REGN）を2011年に64.06ドルで買い、株価が600ドル以上に上昇するまで持ち続け、2016年に432.40ドルで手仕舞った。なぜ600ドルで売らなかったのかとあなたは言うかもしれない。なぜなら株価がどこまで上がり続けるかはだれにも分からないからだ。もしかすると1000ドルまで上昇したかもしれない。このシステムの唯一の仕事は、長期トレンドがはっきりと終了するまでトレンドに乗り続け、トレンドが終了したら手仕舞うことである。

　このようなシステムはブル相場では大金を儲けることができる。し

図6　NVDAの長期のトレンドフォローの買いトレード

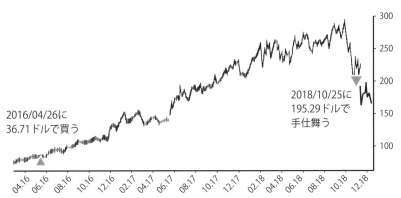

かし、横ばいでは損失を出し、ベア相場でも損失を出すか損益ゼロに
なるだろう。

　図6のエヌビディア（NVDA）は、2016年から2018年に下落し始
めるまでのブル相場に乗り続けた完璧な例だ。36.71ドルで買い、
195.29ドルで手仕舞っている。売った195.29ドルは最高値の300ドルよ
りもかなり安いことに気づくはずだ。これはこれらのシステムをト
レードするときに含まれる要素の1つなのだ。トレンドの大部分をとら
えるためには利益の一部を市場に戻さなければならないのである。

長期トレンドフォローの売り

　2008年6月に始まる**図7**は、トレンドフォローの売りシステムで、
2008年のベア相場が完璧にカバーできたことを示す好例だ。下落ト
レンドが始まったのは2008年6月から7月にかけてだ。下落トレンドの
始まりがシグナルになり、132.01ドルでSPYを売った。最初の数カ月
は横ばい状態が続いたが、そのあと下落し、2009年3月の安値までト
レンドに乗り続けた。私たちは下落トレンドの大部分をとらえること

図7　SPYの長期のトレンドフォローの売りトレード

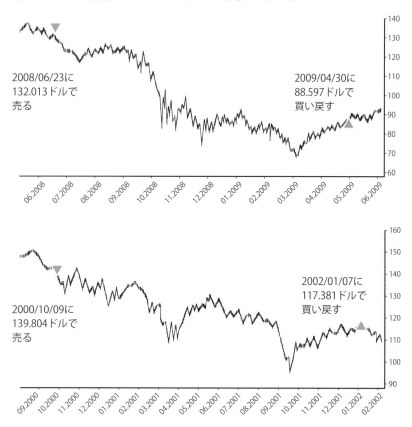

2008/06/23に
132.013ドルで
売る

2009/04/30に
88.597ドルで
買い戻す

2000/10/09に
139.804ドルで
売る

2002/01/07に
117.381ドルで
買い戻す

に成功し、88.59ドルで買い戻して大きな利益を上げた。

　トレンドの底の2009年の３月に手仕舞っていればもっと多くの利益を得られたのに、と思うかもしれないが、そこがトレンドの底だったことを知ったのは、あとになってからである。トレンドフォローは買いであれ売りであり、トレンドの大部分をとらえるためには利益の一部を市場に戻さなければならないのである。私たちは、トレンドが終わったという明確なシグナルが出るまで、手仕舞いしなかったのだ。

図8　SGMOの平均回帰の売りトレード

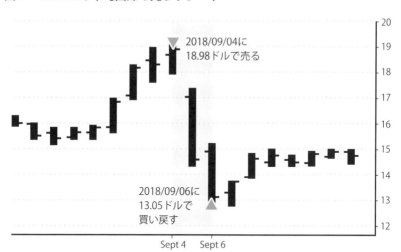

図7の下のチャートは2000年から2003年にかけてのベア相場での同じような売りトレードを示したものだ。2000年10月にセットアップが整ったので、SPYを139.80ドルで売り、2002年1月までポジションを持ち続け、117.38ドルで買い戻した。これらのいずれもベア相場における理想的な売りトレードである。

平均回帰の売り

図8はサンガモ・セラピューティックス（SGMO）の2018年の例を示したものだ。9月4日、買われ過ぎだったサンガモに売りシグナルが出た。これは私たちがエッジを得た瞬間だった。株価が平均に回帰する確率は偶然に起こる以上にあった。売って、数日後に買い戻して利益を得た。こういったトレードは本質的に短期トレードになるのが普通だ。

2003年11月のチャイナ・ユチャイ・インターナショナル（CYD）

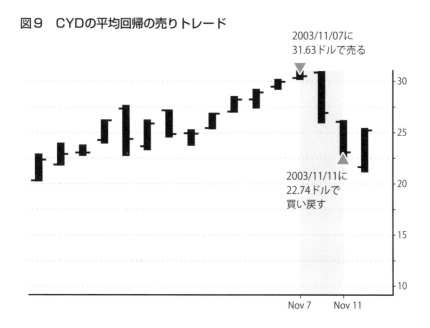

図9　CYDの平均回帰の売りトレード

2003/11/07に
31.63ドルで売る

2003/11/11に
22.74ドルで
買い戻す

Nov 7　Nov 11

も売りトレードの好例だ。強欲（需要とモメンタムの高まり）によっ
て、株価は２週間で20ドルから31ドルを超えるまでに上昇した。その
ときにはもう買われ過ぎにあったため、売り手は利食いを急いだ。こ
れによって株価は下落し、平均に戻った。

　上で説明したように、市場が下落しているときは売る必要がある。
それはお金を稼ぐためだけではなく、買いサイドで失ったお金を補う
ためでもある。平均回帰システムで私が座右の銘とする格言は、「強
欲で売って、恐怖で買え」だ。

平均回帰の買い

　これは平均回帰の買いの例だ。買いシステムでは強欲で売る代わり
に、恐怖で買う。恐怖やパニックで買い、価格が平均に戻るのを待つ
のだ。この例では、上昇トレンドのあと大きく売られているのが分か

図10　SRPTの平均回帰の買いトレード

2015/10/02に
39.59ドルで
手仕舞う

2015/09/29に
31.25ドルで買う

Sept 29　Oct 2

る。株価は売られ過ぎだ。これはパニックを意味する。このような場合、株価は平均に戻る確率が平均以上であるため、これは絶好の買い場だ。

　私は31.25ドルで買って、３日後に39.59ドルで手仕舞った。

　平均回帰の買いトレードの例をもう１つ見てみよう。GNCホールディングス（GNC）は９月から10月にかけて大きな上昇トレンドになり、2.71ドルから4.47ドルに上昇した。そこで利食いが始まる。その結果、パニック売りが発生。平均回帰の買いのセットアップにとってパニック売りは好機になる。システムは売られ過ぎを見つけ、シグナルが点灯した。したがって、ここで買えば勝機がある。3.14ドルで買って、３日後、株価が3.90ドルの平均に戻ったところで手仕舞った。

　平均回帰の売りと同じように、保有期間は数日で、数日たったらすぐに手仕舞う。株価が平均に戻るのを期待して買うわけだが、たとえ株価が平均に戻らなくても数日以内に手仕舞うことが重要だ。

図11　GNCの平均回帰の買いトレード

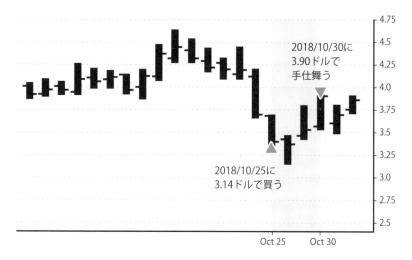

はっきり言って、株価が平均に戻らないことはよくある。そんなときは、株価を注意深く観察して、タイミングを待つのだ。これらのシステムはバックテストから生まれたシステムであって、テクニカル指標を使って仕掛けるべきときと手仕舞うべきときを見極めるものではない。これが私のアプローチのコアとなる考え方だ。

> # 結論　無相関のシステム、異なるスタイル、異なる方向性を組み合わせよ

本章のグラフは、本書全体を通じて提示するシステムのパフォーマンスを示すグラフと同じように、1995年から2019年までのバックテスト結果である。1995年から2019年までのこの長期トレンドフォローシステムの年平均成長率は22％を少し上回った。最大ドローダウンは42

64

表5　長期トレンドフォローの買いの単一システムのパフォーマンス

1995/01/02～2019/07/24	長期トレンドフォローの買い	SPY
CAGR	22.52%	8.02%
最大ドローダウン	42.14%	56.47%
年次ボラティリティ	22.70%	18.67%
シャープレシオ	0.99	0.43
MARレシオ	0.53	0.14
トータルリターン	14560.64%	562.51%

図12　トレンドフォローの買いの単一システムのパフォーマンス

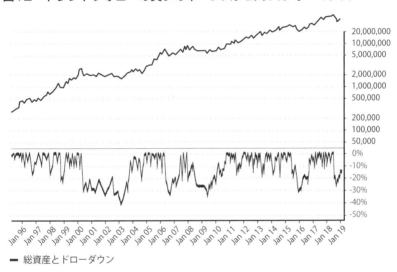

━━ 総資産とドローダウン

％で、これは多くの人にとって耐えがたいドローダウンだ。最長ドローダウンは４年半続いた。こんなに多くの資産を失ったのでは、トレードし続けることは困難だ。過去20年における平均リターンが22％という点では満足するだろう。これはベンチマークであるS&P500の８％に比べるとはるかに高い。しかし、資産の半分近くも失うような大

表6 平均回帰の売りの単一システムのパフォーマンス

1995/01/02〜2019/07/24	平均回帰の売り	SPY
CAGR	18.14%	8.02%
最大ドローダウン	24.66%	56.47%
年次ボラティリティ	11.50%	18.67%
シャープレシオ	1.58	0.43
MARレシオ	0.74	0.14
トータルリターン	5897.58%	562.51%

図13 平均回帰の売りの単一システムのパフォーマンス

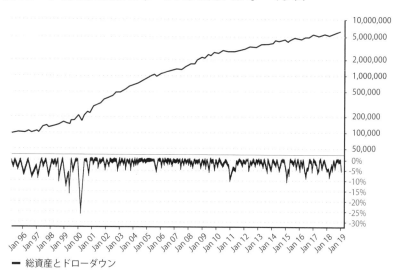

━ 総資産とドローダウン

きなドローダウンを経験すれば、みんな逃げ出してしまうだろう。

　平均回帰の売りシステムも同じ期間で18％というまずまずのリターンを上げており、最大ドローダウンは24％だった。

異なるシステム、異なる方向性、異なるスタイルを組み合わせることのマジック――トレンドフォローの買いシステムと平均回帰の売りシステムの組み合わせ

　これらのシステムを組み合わせるとどうなるか見てみよう。ここでは買いの100％フル投資と売りの100％フル投資を同時に行う。これは信用取引口座で行う。買いと売りでの100％フル投資を同時に行うとき、ポジションはフラットとみなす。なぜなら、買いと売りで補い合うことができるからだ。

　これら2つのシステムをこのように組み合わせてトレードするとき、結果は向上する。SPYのパフォーマンスと比べると、2つを合わせたシステムの年平均成長率は43％に上昇し、最大ドローダウンは31％に下がった。さらに、最長ドローダウンはわずか16カ月だ。S&P500の最長ドローダウンは2003年から2007年まで80カ月続き、市場が元の高値まで戻るのに長くかかった。また、2つを組み合わせたシステムのMARレシオ（平均年率リターン÷最大ドローダウン）は1.37に改善された。

　2つのシステムを組み合わせたときのパフォーマンスは、**表7**と**図14**のとおりである。

　これら2つのシステムはゼロサムゲームで、互いを相殺し合うとあなたは思うだろう。しかし、そうではない。買いシステムでは、トレンドが私たちに有利なときにはできるかぎりトレンドに乗って利益を増やし、トレンドが私たちに不利なときには損失を最小限に抑える。**図14**の資産曲線を見ると、買いシステムは市場が上昇しているときは利益を出し、トレード機会がないとき、つまりセットアップが整わないときは現金で持った（例えば、2008年）。また、売りシステムは市場が下落しているときに利益を出した。

　市場が上昇しているときも、また2000年や2008年や2018年の終わり

表7　長期トレンドフォローの買いシステムと平均回帰の売りシステムを組み合わせたときのパフォーマンス

1995/01/02～2019/07/24	長期トレンドフォローの買いシステムと 平均回帰の売りシステム	SPY
CAGR	43.13%	8.02%
最大ドローダウン	31.54%	56.47%
年次ボラティリティ	20.70%	18.67%
シャープレシオ	2.08	0.43
MARレシオ	1.37	0.14
トータルリターン	666623.64%	562.51%

図14　長期トレンドフォローの買いシステムと平均回帰の売りシステムを組み合わせたときの資産曲線

のときのように市場が下落しているときも、利益を出すことが分かれば、これらのシステムを安心してトレードできるはずだ。組み合わせシステムは、市場が上昇しようと下落しようと、一切気にしない。唯一必要なのは、市場に動きがあることである。たとえその動きが横ばいでも、平均回帰の売りシステムや平均回帰の買いシステムといった短期システムは利益を出すことができる。株価がバンド内で動けば、

平均回帰システムは買われ過ぎの銘柄を売り、売られ過ぎの銘柄を買い、そのあと平均価格に戻るのを待つ。

　無相関のシステムをトレードするときの基本的な構造は上記のとおりである。つまり、異なる方向性と異なるスタイルを組み合わせる、つまり、買いと売りを組み合わせ、トレンドフォローと平均回帰を組み合わせるということである。

　すべてのシステムのすべてのルールを今すぐに見たいのはやまやまだろうが、各システムの12の秘密の要素を含むシステム構築のメカニズムを見ていく前に、いったん立ち止まって、自らに基本的な質問をしてみる必要がある。次の第4章ではこれらの質問について見ていく。

成功するためには、
まず自分の目標をはっきりさせよ

To Succeed, First Define Your Objectives

　なぜ目標が必要なのだろうか。トレードには万人が持つ目標がある。投資したい人に、あなたの目標は、と聞くと、最初に返ってくる答えは「できるだけ低リスクで、できるだけ多くのお金を稼ぎたい」というものだ。これがだれもが欲することだ。

　しかし、この答えはまったく意味がない。理由はこのあとすぐに説明する。

　次に返ってくる答えは、私や有名なトレーダーやヘッジファンドマネジャーのようにトレードしたい、というものだ。「最高の人から学び、彼らと同じようにやりたいのだ」と彼らは言う。

　実際には、彼らは自分で車輪を再発明する必要がある。それは、「同じようにやる」のは不可能だからである。私の個人的な事情、私の好み、私の強みや弱みはほかの人とはまったく違う。例えば、信念について考えてみよう。市場は永遠に上がり続けることを信じる人は、強いブルバイアスを持っている人で、そのようにトレードすればよい。トレード利益に対して高い税金が課せられるような環境にいる人は、投資の方法について違った信念を持っているだろう。例えば、ウォーレン・バフェットは短期トレードは行わない。なぜなら、彼は短期利益に対して高い税金を支払うのが嫌で、一般に短期システムのことは信じていないからだ。その一方で、短期システムだけを好んで使い、

ゆっくりとした長期アプローチのことを信じていない多くの有名なトレーダーがいる。つまり、人によって好みのシステムは違うということである。

　ボラティリティについてはどうだろう。テスラやネットフリックスのようなボラティリティの高い銘柄が好きな人もいれば、S&P100を構成する銘柄のように安定した銘柄を好む人もいる。その人の快適レベルや不快レベルによって、好みのシステムは人それぞれなのである。

　あるいは、利益を出さずにトレードを手仕舞うことに耐えられない人もいる。これは小学校のときに学んだ、Cは悪い成績、つまり失敗という固定観念に端を発するものだ。Cなんて成績は彼らにとっては耐えがたいものなのだ。また、「利食いすれば破産することはない」と言う人もいる。しかし、これは事実ではない。例えば、小利がずっと続いていたとする。ある日、大きな損失が出る。損失はどんどん膨らんでいる。こうなると、そのトレードを手仕舞って損失を確定することは心理的に難しくなる。こうした損失回避の姿勢によって、損失はどんどんかさんでいく。

　リスクをとるのは良いことだと信じる人もいる。失ってもいいくらいの少額のリスクをとる、と彼らは言う。史上最も偉大なトレーダーの1人であるポール・チューダー・ジョーンズのように、彼らが求めているのは、勝ちトレードの平均利益が負けトレードの平均損失を大幅に上回る非対称のリターン分布である。こうしたアプローチは、60％か70％、あるいはそれ以上の確率で負けるかもしれないことを意味する。長期的には利益が出たとしても、この敗率は多くの人にとって耐えられるようなものではない。

　こうした展望やリスク許容量の違いによって、人々は異なるトレードシステムへと向かう。人々を異なるアプローチへと向かわせる異なる状況についての4つの例を見てみよう。

ジョン

　ジョンは28歳で、せかせかとした生活を送っている。彼は非常にせっかちだ。彼は３万ドルのトレード口座を持っている。彼には少しギャンブラー的なところがある。トレーダーとしては非常にアグレッシブだが、彼は若く、高い給料をもらっているため、口座資金が35％減っても、それほど気にしない。彼には子供はおらず、退職後の生活についてもあまり考えていない。彼はトレードのエキサイティングなところが大好きで、コンピューターを通じて毎日のようにトレードしている。利益が出れば、もっと良い車に買い替えようと思っている。

ジム

　一方、ジムは55歳だ。まだ仕事をしているが、退職したいと思っている。口座には200万ドルあり、ジョンよりもリスク許容量は低い。彼は長年働いてこのお金を貯めてきた。だから一銭たりとも失いたくない。このお金を一定のペースで増やしていけたら、と思っている。15％以上の損失を出すことなど想像すらできない。15％以上の損失を出せば、定年後の生活が脅かされるからだ。コンピューターは好きだが、コンピューターに張り付いてトレードしたいとは思っていない。彼の目標は、低リスク、低ボラティリティで、このお金を年間15％の複利で増やすことだ。

ドナルド

　３人目のトレーダーのドナルドは72歳で、700万ドル持っているが、そのお金は主としてIRA（個人退職勘定）口座に入れている。税金を払うのを極端に嫌い、バイ・アンド・ホールド戦略を好む。コンピュ

ーターの世界からは置いてきぼりを食らっている。コンピューターは使えるには使えるが、あまり好きではない。

ブライアン

46歳のブライアンは高給取りの重役で、毎日忙しい生活を送っている。トレード口座には50万ドルあり、数学とコンピューターが得意で、口座のお金をもっと増やしたいと思っているが、彼にはトレードする時間がない。よくて週に1時間のトレード時間が取れればよいところだ。

これらの4人は市場でトレードすることはできるが、トレードで成功するには、心理的にどんな人間か、どこで働いているか、今は人生のどの辺りにいるかといったことを反映する異なるトレードアプローチが必要だろう。私のアプローチを模倣してもうまくはいかないだろう。なぜなら、私と彼らとは違う人間であり、結局は私のアプローチに最後まで従うことはできないからだ。彼らがトレードで成功するには、まずは自分がどんな人間なのか、自分の目標は何なのかをはっきりさせる必要がある。

トレードしたい人は次のような質問を自らにしてみる必要がある。

●テクニカル分析は得意か

●数学は得意か

●コンピューターは得意か

●細かいことにこだわる人間か、それとも大局を見る人間か

●数字をいじるのが好きか

●分析志向か

●口座は課税口座か、非課税口座か

●トレードする時間が1日にどれくらいとれるか

　トレード時間に関する質問は、人によっては意外だったかもしれない。モニターにくぎ付けでトレードするのが好きな人もいれば、1日に30分しかトレードしたくない人もいれば、子供の世話や仕事で忙しいため、1週間に1回、あるいは1カ月に1回しかトレードできない人もいるだろう。自分の口座と子供の口座をトレードしたい人もいれば、非常にシンプルにやりたい人もいるだろう。500万ドルの口座もあれば、5000ドルの口座もあるだろう。500万ドルの口座であれば、多くの無相関のシステムを使うことができるが、5000ドルの口座であればシンプルにしたほうがよいだろう。

　これらの質問に対してあなたがどんな答えを出そうと、あなたのための戦略はある。

　おそらく、私がこの本の読者の方々に最も質問したいことは、「あなたにとってトレーダーとしての完璧な生活とはどのようなものか」だ。この質問で読者の秘密のベールははがされていく。これまで見えなかったものが明らかになるのだ。次は目標だ。目標は「全体的な目標」と「単一システムについての目標」とに分かれる。

全体的な目標

個人的な目標

　これは、あなたにとってトレーダーとしての完璧な生活とはどんな生活かとか個人的な状況、あなたが本当にやりたいと思っていることはどんなことかを問うことを意味する。

　あなたはなぜトレードするのだろうか。富を蓄積するためか。月々のキャッシュフローが欲しいからだろうか。あるいはほかの目標のた

めだろうか。多くの人は目標がはっきりしないことが多い。これはトレードを成功に導くうえではけっして良いとは言えない。例えば、忙しい環境に身を置きたいと思っている人は、今が退屈な生活のため何かエキサイティングなことがしたいと思っているかもしれない。今の仕事が退屈なので、エキサイティングな生活を送っているトレーダーをみて、自分もそんなトレーダーになりたいと思っているかもしれない。彼らはゲームで勝つという高ぶった気持ちを味わいたいのかもしれない。しかし、こうした目標は非常に危険だ。彼らは大きすぎるポジションサイズを取りかねない。そして、市場が逆行したら、トレード口座は破産してしまう。これは遊びではないのだ。これはあなたのお金にかかわることなのだ。自分のお金をどう扱うかについて、その動機をしっかりと理解し、しっかり管理する必要がある。

心理的な目標

あなたはトレードをしているときにどのように感じたいのだろうか。答えは人によって違うと思うが、これは明確にしておく必要がある。なぜなら、システムを無視してシステムより優位に立とうとしていないことを自ら立証する心理状態を定義する必要があるからだ。自分のポジションに疑念を抱いたり、ポジションを取るのをためらったりしてはならないし、恐怖を抱いたり、自信をなくしたり、興奮しすぎてもいけない（あまりに多くの利益を出してエキサイトしすぎるとき、それはリスクをとりすぎていることを意味する）。リスクをとりすぎているときに市場が逆行すれば、その興奮は恐怖へと変わる。あなたには欠点のない完璧なトレードを保証する心理状態が必要だ。トップトレーダーたちは、トレードは退屈なもの、と思っている。あなたもトレードは退屈なものなのだと思えば、どの1つのトレードに対しても感情的に思い入れることがないため、トレードシステムを粛々と実

行することができる。

リスク許容量に関する目標

　あなたは実際のトレードで、どれくらいの平均ドローダウンなら許容できるのだろうか。私の知るどのトレーダーも例外なく、この数値を過剰に見積もっている。彼らは右肩上がりに上昇する資産曲線を見る。しかし、これは見ているものの一部でしかない。彼らは20％のドローダウンには見向きもしない。「確かにドローダウンが出ているが、お金は儲かっている」と彼らは言う。私の経験から言えば、一般のトレーダーの99％は許容ドローダウンの数値を半分にすべきだ。なぜなら、ドローダウンがその数値に近づくと、彼らはおじけづいてしまうからだ。

　もう1つ質問をしよう。実際のトレードでシステムをあきらめてしまうことなく許容できる最大ドローダウンはどれくらいだろうか。平均ドローダウンは受け入れなければならないドローダウンである。なぜなら、あなたはお金を稼ぐためにリスクをとっているからだ。時には、システムが予想以上に激しくやられるときがある。それは、市場がこれからまさしく上昇しようというときかもしれない。しかし、予想以上のドローダウンを食らったとき、ほとんどの人は白旗を上げて、システムをあきらめてしまう。システムをあきらめようという考えに陥らないように、許容できる最大ドローダウンの範囲内でトレードすることが重要だ。

　ドローダウンの期間についても質問がある。あなたはどれくらいの期間、水面下に沈み、お金の儲からない時期に耐えられるだろうか。すでに見てきたように、2000年から2003年の弱気相場のあと、S&P500が回復して利益を出し始めるまでには7年かかった。一般に、私たちのシステムではこの期間はもっと短いが、長期のドローダウン

に耐えられない人は、高頻度のシステムが必要だ。例えば、あなたのシステムが1年に10回しかトレードの機会がなく、ドローダウンが20％になった場合、トレードをする可能性があまりないので、長期にわたってドローダウンの状態が続くことになる。しかし、高頻度システムだとすぐに機会が見つかるので、ドローダウンからはすぐに抜け出すことができる。

リターンと利益に対する目標

多くのトレーダーはここから始めたがる。だれもが年間100％のリターンを得たいと思う。しかし、リターン目標とリスク目標が一致しているか確認する必要がある。年間100％のリターンを上げようと思ったら、元金をすべて賭けなければならないことを彼らは理解していない。リスクとリターンは常に背中合わせの関係にある。高いリターンには高いリスクが付き物であることを忘れないようにしよう。

「オーケー、それは分かった。私のリターン目標は最低でも30～40％だ。でも口座資金が4％以上減るのには耐えられない」と人々は言う。それで私は言う。そんなことは不可能だ、と。過剰に最適化されたバックテストでは見かけ上は可能かもしれないが、実際のトレードではそれ以上のドローダウンが出る。それでおじけづいてしまうのだ。

大きなリスクをとることができ、心理的にそれに耐えられれば、あなたのシステムが大きなエッジ（優位性）を持っているときは高いリターンを得られる可能性はある。しかし、リスクはあなたが安心できるようなレベルでなければならない。お金をリスクにさらしている以上、ドローダウンは必ず発生する。お金をリスクにさらすのが嫌なら、現金のままにしておくべきだ。そうすれば、リターンはゼロである。

トレードスタイルに対する目標

前にも述べたように、トレードスタイルには基本的に2種類ある。トレンドフォローと平均回帰（カウンタートレンド）だ。トレンドフォローでは、できるだけ長くトレンドに乗り続け、トレンドが終わるまでトレンドに沿ってトレードする。トレンドが長く続けば続くほど、利益は大きくなる。トレンドの間はやることはほとんどないため、これは多くの人にとって退屈なシステムだ。つまり、あなたの目標は退屈だ。

前にも述べたように、トレンドフォローの問題点は、大きなドローダウンに耐えなければならないことがあることだ。トレンドフォローシステムでお金を稼ぐトレンド相場が出現するのは、全体の30〜40％しかない。そのほかの時間は、市場は横ばいである。トレンドフォローシステムはトレンド相場が出現するまでうまくいかないことが多いが、いったんトレンド相場になると大金を稼ぐ。

一方、平均回帰は一般に短期のシステムだ。例えば、売られ過ぎの銘柄を、やがて統計学的平均値に回帰することを期待して買う。平均に回帰する確率は高く、それがあなたのエッジになる。ポジションの保有期間は数日間で、各トレードから期待できる利益は非常に少ない。つまり、大金を稼ごうと思ったら高頻度でトレードする必要があるということである。年間20回しかトレードしなければ、勝率は70％かもしれないが、その年の年平均成長率（CAGR）は1％にしかならない可能性もある。10ドルで買って、11ドルで売る。それはそれでよいが、多くの利益を得ようと思ったらそれを高頻度で行う必要がある。一方、トレンドフォローシステムでは1回トレードを仕掛けたら、トレンドが続くかぎり、理論的には無限のリターンを得ることができる。

せっかちな人はおそらくは平均回帰システムのほうが好みだろう。なぜなら、勝率が高く、トレードする頻度も高いからだ。その一方で

トレンドフォローのような静かなアプローチを好む人もいる。

　両方の戦略の良いところだけをいただく。これが本書の要旨だ。つまり、両方のスタイルを組み合わせれば、年平均成長率は指数関数的に上昇し、ドローダウンは減少するということである。

方向性に対する目標

　前にも述べたように、私たちは買いトレードも売りトレードもする。買いトレードは市場が上昇することに賭けるトレードで、売りトレードは市場が下落することに賭けるトレードだ。バックテストデータからは、市場は上昇する可能性のほうが高い（買いバイアスがある）ことが分かる。市場は過去24年にわたって年間平均８％上昇してきた。

　IRA口座でトレードしている場合、規制によって売ることはできない。また、トレーダーのなかには株価が下がることに賭けるのは非国民的だと思うため、売るのが嫌いな人もいる。私にとってはどうでもよいことだが、それがあなたの価値観ならそれはそれで構わない。

　損失リスクが理論的に無限なので、売るのが嫌いだという人もいる。例えば、１株10ドルで1000株買ったとしよう。しかし、翌日、株価は０ドルで寄り付く。すると、１万ドルの損失になる。しかし、買うのではなくて10ドルで1000株売ったとしよう。あなたは10ドルから８ドルに下落することに賭けているので、もしそのとおりになれば2000ドルの儲けになる。ところが、翌日は30ドルで寄り付く。あなたは買い戻さなければならない。そうなると、２万ドルの損失になる。もし50ドルで寄り付けば、損失はもっと大きくなって、４万ドルになる。こんなリスクを受け入れられる人はほとんどいない。これは、損切りの逆指値を置いても損失が避けられないこともある。

時間枠に対する目標（長期か短期か）

あなたはどんなトレードをしたいと思っているのだろうか。手っ取り早く利益を出したいのか、毎日の終わりにポジションをすべて手仕舞ってオーバーナイトリスクのないデイトレードをしたいのか。オーバーナイトリスクを気にせずにゆっくり眠りたい人は多い。市場が閉まったあとや週末のポジションが気になる人は、オーバーナイトトレードはやめたほうがいいだろう。そんな人にはデイトレードのほうがよい。

あるいは、長期トレードが好みの人もいるかもしれない。「市場には大きなノイズが存在する。だから市場に動く余裕を与え、辛抱強く待つ必要がある」というわけだ。

スタイルや方向性に対する目標と同じように、長期トレードと短期トレードを組み合わせれば、結果は向上するはずだ。

運用に対する目標

あなたはどのようにトレードしたいのだろうか。特に、いつ仕掛けたいのだろうか。市場が開く前に一度だけ仕掛け、そのあとは見ないというのが好みだろうか。それとも、注意深く監視し、1日中モニターに張り付いているのが好みだろうか。仕掛けは手動でやりたいのか、それとも自動化プラットフォームを使いたいのだろうか。日々の運用やあなたが設計したトレードシステムを巡ってはたくさんの選択肢がある。

単一のシステムについての目標

全体的な目標を定めたら、次はそれぞれのシステムについての目標

を定める。私たちの戦略は複数の互いに無相関のシステムから成る。それぞれのシステムについて、問うべき質問がある。

最初の質問は、**そのシステムは全体的な戦略にどのようにフィットしているのだろうか**。つまり、そのシステムはどんなときにお金を稼ぐのか、そしてどんなときに損失を出すのか、ということである。後者は多くの人々を不安にさせる。なぜなら、多くの人は毎月お金を稼ぐただ1つのシステムを構築したいと思う傾向があるからだ。互いに無相関のシステムは、彼らの定義によれば、ほかのシステムがお金を稼いでいるときに損をするシステムだ。コンピューターの処理能力を駆使すれば、毎月お金を稼ぐただ1つのシステムを構築することはできる。しかし、そんなシステムは過剰最適化される傾向がある。つまり、そういったシステムはバックテストの成績を向上させるためだけに設計されたものであり、将来的には無残な結果に終わる。なぜなら、将来は過去と同じではないからだ。

システムはどのようにして損をするのだろうか。例を見てみよう。例えば、ブル相場の上昇トレンドに乗る長期トレンドフォローシステムを構築したとしよう。あなたは分析を行う。そのシステムは2013～2017年までは大金を稼ぐことが分かった。しかし、バックテストでは2008年や2018年終わりのベア相場では損をするときがある。このように構築したシステムが、市場が56％も下落したときにお金を稼ぐことは期待できない。それは完全に非現実的な期待であり、その辺りはしっかり認識しておく必要がある。また、常に素晴らしい銘柄を選び、したがって常にお金を稼ぎ、ひどい下落相場を逃れられるような特別なシステムを作れると思ってはならない。大きな下落は大きなパニックを意味する。そんなときは大きな売り圧力が発生し、ほとんどの銘柄は、セクターや業界にかかわらず、市場と100％の相関性を持つことになる。

次は、**あなたはどんなポートフォリオでトレードしたいのだろうか**、

また、それはなぜなのだろうか。あなたは、高頻度トレードができるような多くの銘柄からなる大きなポートフォリオでトレードしたいのだろうか。それともS&P500は上昇バイアスがあり、比較的安心できる流動性の高い銘柄を含んでいるため、S&P500の構成銘柄のみからなる小さなポートフォリオでトレンドフォローでトレードしたいのだろうか。また、あなたは出来高の多い銘柄をトレードしたいのだろうか、それとも出来高の少ない銘柄をトレードしたいのだろうか。例えば、出来高の少ない銘柄を選んだ場合、機関投資家が投資を行うような銘柄に当たることはない。あなたは彼らとはまったく異なる領域でトレードすることになる。これはあなたにとって有利なのだろうか、不利なのだろうか。

　あなたはどんな価格フィルターを使いたいのだろうか。出来高と同じように、低位株をトレードすることを選んだ場合、ビッグトレーダーと同じ銘柄をトレードすることはない。なぜなら、彼らは何十億ドルというお金を投資するし、自らの投資が価格を動かすような市場にかかわることはないからだ。株価が10ドルを下回るような場合、一般にビッグプレーヤーが参加することはない。ボラティリティの高いペニー株を好んでトレードする人もいれば、成熟した退屈な大型株を好む人もいる。

　あなたはどんなときに仕掛けるのが好きなのだろうか。例えば、市場全体を見て、S&P500が上昇トレンドにあるときにのみ仕掛けるのが好きな人もいる。

　あなたはどのように仕掛けたいのだろうか。寄り付きでの成り行き注文か、それとも指値注文か。確実に仕掛けるために若干のスリッページは許容できるのか、それともあらかじめ決めておいた価格でしか仕掛けたくないのか。確実に仕掛けることができるのは「寄り付きでの成り行き注文」だ。しかし、この場合も若干のスリッページが発生することがある。

手仕舞うときのインディケータとして何を使うのだろうか。仕掛ける前に、手仕舞う方法を決めておくことが重要だ。

　損切りはどれくらいに置くのだろうか。これはどれくらいのリスクをとるかに関係がある。どれくらいの損失なら進んで受け入れることができるかを事前に決めておく必要がある。この最初の損切りによってトレード頻度が決まる。損切りの幅を極めて狭くする場合、損切りに引っかかる可能性が高い。損切りの幅を広くすれば、すぐに損切りに引っかかる可能性は低くなる。しかし、これは同時にトレード頻度が低くなることを意味する。また、損切りによって勝率、つまり全トレードのうち勝ちトレードになるのがどれくらいの比率かも決まる。損切り幅を狭くすれば、元金を失わなくても済むかもしれないが、ちゃぶつく可能性はある。つまり、損切りに引っかかっても小さな損失で済むが、その小さな損切りはボラティリティの範囲内にあったため、損切りに引っかかったあとに株価は上昇するということである。

　トレンドフォローシステムでトレーリングストップは置くつもりなのだろうか。つまり、利益をどれくらい市場に戻すことを許容するつもりかということである。強欲な人は、一時的な押しや戻りで利益をあまり市場に戻したくないので、トレーリングストップの幅は狭くするかもしれない。しかし、トレーリングストップの幅を狭くすると、大きなトレンドにおける小さな修正では損切りに引っかかり、本当はもっと得られたはずの利益を逃すこともある。

　いつ利食いしたいのだろうか。トレンドフォロワーはトレンドが変わるまでトレンドに乗り続け、トレーリングストップで手仕舞いする。短期トレーダーは利益目標を立てるのが好きだ。「10ドルで仕掛けたから、3日で11ドルに上昇したら利食いしたい」と彼らは言う。利益目標が極めて小さい場合、すぐに手仕舞いするので、勝率は非常に高くなる。

　いつ手仕舞うのだろうか。その日のうちに手仕舞うのか、大引けで

成り行きで手仕舞うのか、それとも寄り付きで成り行きで手仕舞うのだろうか。

　これらの質問に対する答えが決まったら、それはシステムを設計するときのパラメーターになる。パラメーターに基づいてシステムを設計し、バックテストを行い、最適化を行って、どんな結果が得られるかを見る。

概念的に正しいシステム

　今の時代、コンピューターの処理能力はかつてないほどに向上した。したがって、ありとあらゆるパラメーターをバックテストすることができる。ソフトウェア会社によってはソフトに「最適化」ボタンなるものを搭載しているところもある。そのボタンを押すと、すべてのパラメーターを調べて、「これこれを行えば、最高の結果を得ることができる」旨を教えてくれる。これがトレードシステムを開発する素晴らしい方法だと思う人もいるが、これはデータマイニングにすぎない。過去に起こったあらゆることを利用してパラメーターを設定する方法を教えてはくれるが、将来はいつも過去と同じようになるとは限らないし、結果も過去と同じようになるとは限らない。可能性としては、過去と違うことのほうが多い。

　一方、概念的に正しいシステムの開発は、「長期トレンドフォローの買いシステムは市場が上昇しているときは利益を出すが、市場が下落しているときは損失を出すことが予想される」といった前提から始める。あるいは、長期トレンドフォローの売りシステムを開発したい場合、あなたは「市場が上昇すれば、ほとんどの年で損失を出す」ということを知っている。毎年、数％ずつ損失を出す。しかし、2008年の株価大暴落のような大きな危機がやって来ると、大金を儲けることができることを知っている。小さな損失は保険のようなものだ。

「完璧」なシステムを得るためのデータマイニングをやるのではなくて、一定の状態のときにうまくいく概念を探すのだ。市場が一定の状態のときの値動きを測定するシンプルなルールを定義し、いつ仕掛けて、いつ手仕舞うのがよいのかを正しい概念に基づいて決めるのだ。

複数の正しい概念を組み合わせれば、聖杯に近づくことができる。

トレーダーはなぜ失敗するのか

同僚に、トレードはどうだと聞くと、彼は今、休止中だと言った。どうやら10％のドローダウンを喫し、それに耐えられなかったらしい。以前は、10％程度のドローダウンならオーケーだと言っていたのに。つまり、彼は自分自身を本当には理解していなかったのだ。

多くの人はリターンだけを重視する傾向がある。彼らは年平均成長率が40％とか50％になる見込みがあると考え、それをスプレッドシートに入力して、10年後、20年後にどれくらいのお金を手にすることができるかを計算し、もっと大きな家を買ったり、ボートを買ったりすることを夢見る。彼らはリターンのことだけを考え、ドローダウンのことはすっかり忘れているのだ。そしてドローダウンが発生すると、大きな家やボートを買うことは不可能だということが初めて分かる。

私の顧客は、すぐにソフトウェアを使ってシステムを構築したがる。しかし、私は最初の1カ月は彼らに心理と目標について考えさせる。この部分を飛ばせば、システムを使って効果的にトレードすることはできない。なぜなら、彼らは自分の信念、ライフスタイル、好みを反映するシステムを構築することはできないからだ。トレードを成功させるための鍵は、ゲームに参加し続けることだ。事前にこういったことを明らかにしなければ、トレードで成功することはできない。

私がこれまでに見てきた人々はトレードでことごとく失敗している。なぜなら、彼らは耐えられるリスクを大きく見積もりすぎるからだ。

私は彼らにリスク目標——彼らが耐えられる最大ドローダウン、平均ドローダウン、ドローダウン期間——を聞くと、彼らは答える。例えば、50万ドル持っている人は、30％のドローダウンに耐えられると答える。彼は20年かけて50万ドル貯めたのだ。「30％のドローダウンを出せば、1年後には資産は35万ドルに減るけど、どう思うか」と聞くと、10人のうち9人は「最悪だ」と答える。そんな精神状態でトレードを続けられると思うかと私は再度問う。彼らのほとんどはもうトレードなどできないはずだ。

　35％、あるいはそれ以上のドローダウンなんてよくあることだ。ドローダウンは必ず発生する。また、何度も発生する。しかし、ほとんどのトレーダーはそのように考えない。10年にわたって続いたブル相場のあとでは特にそうだ。でも、ドローダウンは必ず起こるのだ。大恐慌によるベア相場は1933年に終わったが、市場が大恐慌前の価格に戻るまでには25年かかった。ドローダウンが25年間続くのである。それについてあなたはどう思うだろうか。

　私が構築するシステム、そしてあなたが構築するシステムのドローダウンはそれよりもはるかに小さいだろうが、ドローダウンが起こってもそれに耐えられることが重要だ。ドローダウンが起こったとき、どう感じるかを事前に十分に考えておく必要がある。

　私は顧客にはゆっくり始めるようにアドバイスする。年間リターン目標は30％ではなくて、15％に設定する。口座が毎日上下動するのに耐えられるかどうかをチェックしよう。大きなドローダウンが何回か起こってもそれに耐えられるかどうかをチェックしよう。耐えられるようであれば、リスクを少し増やしてみる。でも、ゆっくりとやることが重要だ。なぜなら、トレードを休止するときは、最悪のタイミングで、何もかもがうまくいかないときに、合理的な分析に基づいた意思決定ではなくて、最悪の精神状態のときに意思決定を下さなければならないことが多いからだ。

第5章

利益目標を達成するための
ポジションサイジング

Using Position Sizing to Achieve Your Financial Goals

　ポジションサイジングはリスクを管理し、トレードにおける目標を達成するうえで最も強力なツールだ。

　ポジションサイジングは、各トレーダーの経済的な目標に基づいて計算する。前にも述べたように、トレーダーは一人ひとり異なる。各トレーダーはリスク許容量も利益目標も異なる。保守的な人もいれば、大きなドローダウンを許容できる人もいる。

　それぞれのシステムは買いと売りのエンジン——あなたが作成する1組のルール——を持っている。しかし、ポジションサイジングによってリターンはまったく違ってくる。例えば、低リスクのポジションサイジング戦略の場合、資産の成長率は低くなるが、ドローダウンも低くなる。

　非常にアグレッシブで高いリターンを目指す人は、ポジションサイジング戦略を変えることでそれは可能だ。この場合、売りと買いの意思決定は同じだが、ポジションサイズが違ってくる。

　売りと買いの意思決定は同じだが、異なるポジションサイジング戦略を使うことでまったく違った結果になる例を見てみよう（**表8**を参照）。

　ポジションサイジングの方法を説明したあと、さらなる例を示す。まずは、ポジションサイジングを理解することから始めよう。

表8　ポジションサイジングが結果に与える影響

	最終残高	CAGR	最大トータル ドローダウン	MARレシオ
非常に保守的なサイジング	3,166,436.78	15.11%	25.30%	0.6
アグレッシブなサイジング	72,555,715.52	30.77%	56.10%	0.55

　あなたの利益目標とリスク許容量に対して間違ったポジションサイジングを行った場合、利益になっていると、間違ったポジションサイジングを行ったことには気づかないだろう。自分の間違いに気づくのは、損失を出し始めてからだ。例えば、30ドルで買って、一晩のうちに株価が15ドルに下落する。すると、ポジションの半分を失ったことになる。どれくらいの資金を失うかは、資産配分のためのポジションサイジングルールによって決まる。あまりにもアグレッシブなポジションサイジングを行っていれば、胃が痛くなる。この銘柄のポジションサイジングが口座資産の10％だったとすると、資金全体の5％を失ったことになる。ポジションサイジングが口座資金の5％だったら、2.5％の資金を失う。

　こういったシナリオを事前に考えておかなければ、耐えられる以上のドローダウンに直面することになり、いきなり大きな不安を抱えることになる。その不安によって彼はもはや自分のシステムでトレードをすることはできなくなる。自分が作成した買いと売りのルールは間違っていたと思い込み、恐怖を感じて、トレードを疑い始める。しかし、彼の恐怖の原因は買いと売りのルールではない。彼のポジションサイジングが間違っていたのだ。そのため許容できる以上のリスクにさらされたのである。

　こういったことをよく考えるトレーダーはもっと保守的なポジションサイズを設定する。年平均成長率（CAGR）は低くなるかもしれないが、予想ドローダウンも低い数値になる。

ポジションサイジングの方法

　システムのボラティリティとしては過去の数値を見るが、将来のボラティリティはほとんどの場合、過去の数値とは異なるものになる。したがって、ポジションサイジングには2通りの方法がある。

●**パーセントサイズ**　1回のトレードに資金全体の一定のパーセンテージを配分する。例えば、最大で10のポジションをトレードしている場合、各ポジションには資金の10%ずつを配分すればよい。簡単だが、この場合、リスク、つまりボラティリティは考慮されていない。そのため、1トレード当たりのリスク（パーセントリスク）が必要になる。

●**パーセントリスク**　1回のトレードでリスクにさらす資金を資金全体の一定のパーセンテージにする。あるトレードを手仕舞って、そのトレードでリスクにさらした資金を全部失ったとすると、資金全体の一定のパーセンテージを失うことになる。実際のポジションサイジングのアルゴリズムを決めるには過去を見る。つまり、ボラティリティを計算に含めるということである。リスクはもっと注意深く決めることもできる。仕掛けの価格から損切り幅を差し引いたものがリスクになる。もし損切りに引っかかれば、リスクにさらした額を失うことになる（スリッページやギャップがあれば、損失額はさらに大きくなる）。

　こうすれば各銘柄のボラティリティは異なるが、異なる銘柄に対して同じ額だけリスクにさらすことができる。つまり、ポジションサイジングを変えることで、各銘柄に対して同じ額だけリスクにさらすことができるということである。ボラティリティの低い銘柄のポジションサイズは、ボラティリティの高い銘柄のサイズよりも大きくなる。

私はパーセントサイズとパーセントリスクを組み合わせるのが好きだ。パーセントリスクを使えば、ボラティリティの低い銘柄ではパーセントサイズのときよりも大きなポジションを取ることができる。しかし、30ドルで買った株が翌日の寄り付きで15ドルに下落するという価格ショックが発生する可能性は常にあるので注意が必要だ。

　パーセントリスクのポジションサイジングの例を見てみよう。条件を次のように仮定する。

●株価　　　　　　　　　　30ドル
●ATR（真の値幅の平均）　　2ドル
●損切り　　　　　　　　　2ATR
●損切り価格　　　　　　　30ドル−（2×2ドル）＝26ドル
●パーセントリスク　　　　2％

　この条件によれば、各ポジションでは資金全体の2％がリスクにさらされるということになる。計算は以下のとおりである。

●総資金　　　　　　　　　　　　　　10万ドル
●1トレード当たりのリスク　　　　　2％
●1ポジション当たりのリスク（金額）　2％×10万ドル＝2000ドル

　リスクは仕掛け値から損切り価格を引いたものになることを覚えておこう。したがって、30ドルで仕掛け、損切りが26ドルなので、1株当たりのリスク（金額）は4ドルになる。したがって、ポジションサイズは以下のようになる。

●ポジションサイズは「トータルリスク÷1株当たりのリスク」
●したがって、ポジションサイズは「500株」（2000ドル÷4ドル）

　私たちがこのポジションサイジングを使うのは、各ポジションにつき資金全体のどれくらいの比率をリスクにさらすことができるかが明確に分かっているからである。しかし、トータルのポジションサイズはまだ定義していない。前の例では、30ドルで仕掛け、損切りは26ドルに設定した。しかし、オーバーナイトのニュースイベントによって、例えば株価が翌日に24ドルで寄り付く可能性だってある。もしそうなれば、私たちが設定した損切りは無意味になり、寄り付き（24ドル）で大きな損失を被ることになる。したがって、損切りで予想した以上の損失を出しても、許容できるリスクになるように最大ポジションサイズを制限する必要がある。

　パーセントリスクのみを使うとき、私たちはポジションサイジングを過去のボラティリティに基づいて決めることになる。もちろん、ポジションサイジングをボラティリティに基づいて決めることは良いことだが、私たちが使っているのは過去のボラティリティであって、将来は過去と同じになるかどうかは分からない。これがこのポジションサイジングの欠点だ。

　また、ボラティリティが低いとき、損切りはボラティリティに基づいて設定される。ボラティリティが低いほど、損切り幅は狭くなり、損切り幅が狭いほど、トータルのポジションサイズは大きくなる。したがって、ポートフォリオ全体に対してポジションが大きすぎる場合もある。

　これら2つの問題を解決し、リスクを許容範囲内に維持するためには、トータルのポジションサイズは資金全体の一定のパーセンテージ内に収める必要がある。私たちは資金全体の10％を上回るポジションは取らないとすでに決めている。この例では、パーセントリスクを使ってポジションサイズを500株と算出した。

●500株×30ドル＝1万5000ドル（資産の15％）

これではポジションが大きすぎるのでパーセントサイズを使ってポジションを算出し直す。パーセントサイズを使えば、ポジションは資産の10%になる。計算式は以下のとおりである。

● 資金全体×１ポジション当たりの資金の最大比率＝１ポジション当たりの資金
● １ポジション当たりの資金÷株価＝そのポジションで買うことができる株数

　したがって、このトレードの最終サイズは以下のとおりである。

● 10万ドル×10％＝１万ドル÷30ドル＝333株

　本書で紹介するすべてのシステムでは、１システムにつき最大で10のポジションまで取れる。したがって、各システムに対して最大で100％のフル投資が可能だ。理由を説明しよう。例えば、システムがある日、10の銘柄を買えと言ってくるとする。しかし、３つの注文だけが執行される。翌日、システムはまた10のセットアップを見つける。ポジションをトータルで10に制限するようにパラメーターを設定せずに、新しい注文がすべて執行されれば、システムのトータルポジションは13になる。これが続けば、証拠金問題が発生する。

　ポジションサイジングは非常に重要だ。あなたの目標を設定し、リスクを管理する方法がポジションサイジングなのだ。ポジションサイジングはトレードを始める前に考えなければならない。どれくらいのリスクをとるのかを考えなければならない。素晴らしい戦略を作成できたので、すぐに実際にトレードする。すると、口座は予想した以上の、あるいは覚悟した以上の損失を出し始める。こうなると、もはやだれも理性的にはトレードできない。

　アグレッシブすぎるポジションサイジングは、あなたの判断をシステムが概念的に正しいかどうかというよりも、どれくらいのお金を失うかに基づいて行わせることになる。

　ポジションサイジングはあなたの目標を設定するのに役立つが、目標がはっきりしなければ、ポジションサイジングは間違ったものになり、あなたは被害を被ることになる。偉大なシステムを構築できても、口座は破産することがある。なぜなら、あなたはあなたのポジションサイジングが許容するドローダウンを感情が邪魔をして受け入れることができないからだ。

　私たちのトレンドフォローシステムの１つである「ロング・ハイ・モメンタム」では、標準的なポジションサイジング（パーセントリスクが２％、パーセントサイズが最大で資産全体の10％）を使う。これはすべてのシステムに使われるポジションサイジングだ。これら２つの数値を変化させたとき、結果は**表9**のように違ってくる。

　買いと売りの意思決定がまったく同じで、同じトレードを行っても、「年平均成長率が8.59％、最大ドローダウンが15.10％」から、非常にアグレッシブ（信用取引が多い）に行ったときの「年平均成長率が30.77％で、最大ドローダウンが56.10％」といった具合に、結果は大きく違ってくるのである。

表9　パーセントリスクと最大パーセントサイズを変化させたときの結果に与える影響

資産全体に対するパーセントリスク	資産全体に対する最大パーセントサイズ	口座の最終残高	CAGR	最大ドローダウン	MARレシオ
0.50%	10%	756,115.79	8.59%	15.10%	0.57
0.75%	10%	1,698,642.16	12.23%	19.70%	0.62
1.00%	10%	3,166,436.78	15.11%	25.30%	0.6
1.25%	10%	5,053,661.46	17.32%	30.50%	0.57
1.50%	10%	7,542,769.29	19.25%	34.90%	0.55
1.75%	10%	10,868,072.73	21.04%	38.70%	0.54
2.00%	10%	14,660,643.97	22.52%	42.10%	0.53
2.25%	10%	18,440,243.45	23.67%	45.20%	0.52
2.50%	10%	21,718,577.33	24.50%	48.20%	0.51
2.75%	10%	24,585,004.33	25.13%	51.10%	0.49
3.00%	10%	25,823,065.57	25.38%	53.60%	0.47
0.50%	15%	757,457.29	8.60%	15.10%	0.57
0.75%	15%	1,716,187.58	12.27%	19.70%	0.62
1.00%	15%	3,544,090.87	15.64%	25.40%	0.62
1.25%	15%	6,528,640.11	18.55%	30.60%	0.61
1.50%	15%	10,944,375.72	21.07%	35.40%	0.6
1.75%	15%	16,402,708.10	23.08%	39.90%	0.58
2.00%	15%	23,600,768.76	24.92%	43.90%	0.57
2.25%	15%	32,420,452.68	26.55%	47.40%	0.56
2.50%	15%	43,766,772.63	28.10%	50.50%	0.56
2.75%	15%	57,703,878.22	29.55%	53.50%	0.55
3.00%	15%	72,555,715.52	30.77%	56.10%	0.55

トレードシステムの12の要素

The 12 Ingredients of Every Trading System

どういったシステムでも、次の12の要素を含む。

1. 目標
2. 信念
3. トレード対象
4. フィルター
5. セットアップ
6. ランキング
7. 仕掛け
8. 損切り注文
9. 再仕掛け
10. 利益の保護
11. 利食い
12. ポジションサイジング

それではそれぞれの要素を詳しく見てみよう。

1．目標

どのトレードシステムも最初の要素はあなたの目標だ。これは第4章で述べたとおりである。目標をしっかりと考えて、書き出してみよう。

2．信念

あるシステムでトレードができるのは、そのシステムが利益を生み出すことを信じることができるときだけである。したがって、そのシステムについてのコアとなる信念が必要になる。概念的に正しいと思っている買いと売りのエンジンの背景にある思考プロセスとはどんなものだろうか。信念の一例としては、確実に上昇トレンドにあるときに仕掛けたいと思っており、トレーリングストップを置き、トレンドが反転するまでそのポジションを持ち続ける、というものが挙げられる。これはプライスアクションについての信念である。ウォーレン・バフェットのようなファンダメンタルズトレーダーも同じ銘柄を買うかもしれないが、それは、彼がファンダメンタルズから分析した結果、その銘柄は必ず上昇するという信念がその根底にあるからだ。彼は、その会社の経営陣が非常に優秀だと信じているのかもしれないし、その会社は新しい市場を開拓したので、利益が増加すると信じているのかもしれない。一方、私たちはプライスアクションに基づいてトレードする。だから、こうしたファンダメンタルズは見ない。私はトレードしている会社のシンボルさえ知らないこともある。

信念の別の例は、ある銘柄は過去4日間は停滞気味だが、価格は回復し平均に戻ると私は信じている、というものだ。売りサイドではまったく逆の信念をもってプレーする。ある銘柄は過去4日間で急上昇

信念とバックテスト

　あなたの信念（およびそのほかの11の要素）はバックテストするアルゴリズムと考えればよいだろう。あなたには、自分の信念がエッジ（優位性）を持っている（少なくとも過去にはエッジはあった）という統計学的証拠がある。トレードにおけるエッジが見つからなければ、結果を再考して、信念とシステムを見直す。このように、信念とバックテスト結果は共に進化していくものなのである。

した。これは買われ過ぎのように思える。価格は必ず平均に戻ると信じているので、売る。これらの信念はプライスアクションに基づく信念であって、ファンダメンタルズに基づく信念ではない。これらの信念から買いと売りのルールを導き出し、買いと売りのエンジンを作成する。

３．トレード対象

　あなたは何をトレードするつもりだろうか。例えば、ある指数の構成銘柄をトレードしたり、株式バスケット、あるいはETF（上場投資信託）をトレードすることもできる。各商品にはそれぞれに短所と長所がある。

　トレード対象を考えるとき、まず考えなければならないのがシステムだ。例えば、S&P500に含まれる銘柄を買うトレードをするのが好きな人がいる。なぜなら、S&P500には優良な企業が含まれており、悪い企業は指数から外されていると彼らは信じているからだ。しかし、S&P500に含まれる銘柄には継続的なサバイバルバイアスが含まれているのである。一方、高頻度の平均回帰システムをトレードする場合、

高い年平均成長率（CAGR）を獲得しようと思ったら短期トレードを
たくさん行う必要があるが、S&P500には短期トレードを行えるよう
な銘柄はあまり含まれていない。こういったシステムの場合、もっと
多くの銘柄が必要になる。

　あるいは、資金の少ない口座で、機関投資家のようなビッグトレー
ダーが参入する前に、次なるグーグルやネットフリックスやマイクロ
ソフトを見つけたい場合、多くのトレード対象が必要になる。特定の
指数ではなく、アメリカで上場しているすべての銘柄である7000銘柄
が必要になるだろう。

　トレード対象に関しては、「あなたはどんな銘柄をトレードしたい
のだろうか」ということになる。

4. フィルター

　上記の質問についてはフィルターが回答を与えてくれる。S&P500
の全銘柄、あるいはアメリカの全上場銘柄をトレードしたいとすると、
市場は相関性が高いため、多くのセットアップが現れるだろう。

　私たちに必要なのは、興味のない銘柄をフィルターを使って排除す
ることだ。論理的フィルターとしてまず考えられるのが流動性だ。そ
の銘柄の出来高はどれくらいあるだろうか。

　機関投資家のようなビッグトレーダーは、自分たちの基準に合う銘
柄を探すのにフィルターを使う。例えば、彼らは日々の出来高が100
万株を下回る銘柄はトレードすることができないかもしれない。なぜ
なら、そういった銘柄は彼らのトレードサイズに見合った流動性がな
いことが多いからだ。または流動性が低いと自分たちのトレードによ
って市場が動いてしまう可能性が高く、エッジが消失してしまうから
だ。

　資金の少ない小口口座を持つ人々（小口とは500万ドルを下回るこ

とを意味する）には大きなエッジがある。なぜなら、彼らは機関投資家に気づかれずにトレードすることができるからだ。例えば、5万ドルの口座でトレードしているとすると、出来高が数十万の銘柄をトレードすることもでき、したがってエッジを見つけることができる。

　流動性フィルターは、平均出来高（株数）と平均売買代金を基準とするフィルターだ。もう1つのフィルターは価格だ。ここでも機関投資家はルールを持っている。通常、彼らは株価が10ドルを下回る銘柄はトレードすることができない。こうした銘柄はボラティリティが高く、非合理的な動きをしたり、ギャンブラーによるトレードが多い。しかし、こうした特徴は、短期トレードではエッジになる。

　また、株価に上限を設定してもよい。小口口座を持っている人は、1株600ドルも700ドルもするような銘柄はおそらくはトレードしたくないだろう。なぜなら、正しいポジションサイズを取ることが難しくなるからだ。

　もう1つの重要なフィルターはボラティリティだ。トレードするには、ボラティリティが必要だ。あまり動かないような銘柄しかトレードしなければ、お金を1銭も稼ぐことはできない。ボラティリティは私たちの友だちだ。なぜなら、ボラティリティがあれば私たちは安心ゾーン内でポジションサイジングすることができ、しかもお金を儲けることができるからだ。私はボラティリティの非常に高い銘柄をトレードする。しかし、ポジションの相対サイズをあまり大きくしないので安心してトレードできる。株価が1ドルの銘柄と30ドルの銘柄は動きが違う。ポジションサイジングはボラティリティをとらえることができるように、ボラティリティを考慮したうえで行うことが重要だ。

5．セットアップ

　私たちはプライスアクションを見て、どの銘柄をトレードするかを

決める。テクニカル指標でプライスアクションを測定して、それを使ってルールを数値化する。

　まずテクニカル指標を選んで、それを使って信念をシンプルなアルゴリズムに変換する。例えば、上昇トレンドにある銘柄を買いたい場合は、単純移動平均を使って市場を見る。終値が移動平均を上回っていたら、今は上昇トレンドである。こうしてシンプルな信念はシンプルな上昇トレンドに変換される。あるいは、短期間だけ売られ過ぎの銘柄を買いたい場合、過去３日間で12.5％下落した銘柄を選ぶシンプルなルールを設定することができる（これは指標ではなく、プライスアクションを使っただけだ）。

　テクニカル指標にはいろいろなものがある。しかし、魔法の指標などない。そんなものは存在しない。トレード教育業界にいる多くの人々は、あなたが魔法の指標を欲しがっているとあなたに信じさせたいのだ。しかし、魔法の指標など存在しない。指標が測定するものは過去のプライスアクションだけだ。指標は将来の予測などしない。将来について確実に言えるのは、それは過去とは違うということだけだ。指標はせいぜい、将来はこうなるのではないかという目安を与えてくれるだけだ。

　セットアップは、私たちがトレードしようとしている銘柄の価格履歴の特徴を数値化したものだ。セットアップによって、トレード候補となる銘柄のリストが出来上がる。

6．ランキング

　おそらくはポジションを取りたいと思っている以上のセットアップが現れるはずだ。そこで重要なのがセットアップのランキングだ。

　許容されているポジションの最大数以上のセットアップが現れたときに、どの銘柄を優先的にトレードするかを決めなければならない。

これをセットアップのランキングという。

　例えば、S&P500をトレンドフォローシステムでトレードしているとしよう。S&P500は今、大きな上昇トレンドにある。市場は修正することが多いので、トレード候補として多くの銘柄のセットアップが整う。S&P500のトレンドを測定すると、100から150の買いトレード候補銘柄が現れることも多い。ポジションサイジングによって10銘柄しか買えないということになると、150銘柄のうちどの10銘柄にするかを決める必要がある。

　ランキングに使われるのは、以下の4つだ。

- ●ボラティリティ
- ●強いトレンド
- ●買われ過ぎ
- ●売られ過ぎ

　あなたは10銘柄しかトレードできないので、ランキングはシステムのなかで非常に重要だ。最もボラティリティの高い銘柄、最も買われ過ぎの銘柄、あるいは最も売られ過ぎの銘柄といった具合に、ランキングに用いる指標が異なれば、ランキングも違ってくる。ここで信念に立ち返る必要がある。例えば、トレンドフォローシステムをトレードしているのであれば、今のトレンドで最もパフォーマンスの良い銘柄についての信念によって、ランキングに用いる指標は決まってくるはずだ。

7．仕掛け

　あなたは絶対に仕掛けたいのだろうか。つまり、価格がどうであれ、確実に仕掛けたいと思っているのだろうか。その場合は、寄り付きで成り行きで買う仕掛けのルールを設定する必要がある。このアプロー

チでは若干のスリッページが発生する可能性はある（仕掛け値が期待した価格とは異なる）が、長期的にトレードするつもりで、確実に仕掛けたいのであれば、スリッページはそれほど問題にはならない。

私は短期システムでは指値注文（仕掛け値を指定する）を使うのが好きだ。20ドルの指値を入れ、寄り付きが20.15ドルだと注文は通らない。それでもオーケーだ。なぜなら、利幅の小さな短期トレードでは、仕掛け値が良くなければエッジはなくなるからだ。短期システムでは大きなスリッページは許容できない（バックテストするときは、成り行き注文では保守的なスリッページを含めること。そうでなければ、実際のトレードのときよりも結果が良くなってしまうからだ）。

買う前に価格が正しい方向に動いていることを確認したければ、価格が20ドルのときに20.15ドルに買いの逆指値を置いて買う。価格が上昇して20.15ドルを上回れば、注文は執行される。

8．損切り注文

損切り注文とは、価格が逆行したときに資金を守るために手仕舞う価格のことを言う。仕掛ける前に手仕舞い価格を決めておき、最大損失がどれくらいになるのかを知ることが重要だ。そのトレードはうまくいっていない。だから、手仕舞って別の機会を待つ。これまでにも見てきたように、損切り注文はリスクを定義するのに必要だ。10％のところに損切り注文を置き、価格が30％下落すれば、10％の損切り注文で手仕舞えてよかったと思うはずだ。

損切り注文を使わないとどうなるだろうか。

トレーダーのなかには、損切り注文を置かないほうがバックテストの結果は良くなると言う人もいる。それは理論的には正しいかもしれないが、損切り注文を置かなければ破産する場合もある。なぜなら、損切り注文を置かなければ資金を守ることができないからだ。たとえ

大きなリターンが得られるチャンスがあったとしても、破産することに心理的に耐えられるだろうか。損切り注文を置かなければバックテストの結果が良くなるとしても、将来は過去とは違うことを理解し、過去には起こらなかったことが将来的には起こる可能性があることを理解する必要がある。

　損切り注文を置くときはノイズの外側に置くことが重要だ。株価は毎日一定のレンジ内で上下動するため、一定のノイズにさらされる。損切り注文を仕掛け値のすぐ近くに置けば、価格がほんの少し動いただけで損切り注文に引っかかる。仕掛け値に近すぎる位置に損切り注文を置いた場合、ほんの少し下落しただけで損切り注文に引っかかり、損切り注文に引っかかったあと、価格は大きく上昇することが多い。

9．再仕掛け

　損切り注文に引っかかったとき、あるいは事前に設定した利益目標で手仕舞ったとき、翌日、システムが再び仕掛けろと言ってきたらあなたはどうするだろうか。これは心理的にちょっと難しい問題だが、これまでバックテストをやってきて、そんなときはトレードすべきであることが分かった。昨日起こったことは今日起こることとは無関係だからだ。だから、システムがこれは良いトレードだから仕掛けろと言ってきたら、私はためらうことなく仕掛ける。

　本書で紹介するシステムはすべて、再仕掛けするように設定されている。

10．利益の保護

　利益の保護は、利益の一部を確保したうえで、さらに株価が上昇したときのためにドアが依然として開かれている状態を保証してくれる

ものだ。トレンドフォローの買いシステムでは、トレーリングストップは、価格の上昇に伴ってストップの位置が自動的に更新されるため、これは一種の利益の保護に当たる。長期トレンドが反転すると、利益の一部を市場に戻し（なぜなら、仕切りの逆指値注文はノイズの外に置かれているため）、最終的には仕切りの逆指値注文に引っかかる。これはトレンドフォローの買いシステムでも売りシステムでもうまくいく。

　前にも述べたように、仕切りの逆指値注文には余裕を持たせることが重要だ。トレンドフォローシステムの場合、直近の高値から15〜25％下にトレーリングストップを置くのが一般的だ。トレーリングストップを置かなければ、さらに大きく上昇する可能性があるにもかかわらず、上昇の途中で10％や15％の一時的な下落が発生して、大きな勝ちトレードを逃してしまう可能性もある（トレーリングストップはトレードを仕掛けたときに最初に置くストップとは別に設定するのがよい）。

　平均回帰システムには利益を保護するメカニズムはない。なぜなら、利益目標に達したり、時間ベースのストップに達したり、損切り注文に引っかかって、数日以内に手仕舞ってしまうからだ。

11. 利食い

　これは短期の平均回帰システムで使う。つまり、利益目標を設定して、その目標に達したら手仕舞うということである。例えば、20ドルで仕掛けて、５％の利益目標を設定したとしよう。つまり、価格が21ドルになったら手仕舞うということである。私は利益目標と時間ベースのストップを併用する。時間ベースのストップとは、株価がどうなろうと一定の日数（通常は、３日か４日）が経過したら手仕舞うという意味である。つまり、株価がすぐに平均に戻って利益を得るのか、

損切り注文に引っかかって損切りするのか、あるいは決められた日数を経過して手仕舞って、別の機会を探すかのいずれかということになる。もっと短期のトレードだと、仕掛けて、利益が出ても出なくても、すぐに手仕舞う。ここで重要なのは、トレード頻度を高くすることである。これには時間ベースのストップが役立つ。

　利食いによって偶然に起こる以上の利益機会が生まれ、平均勝ちトレードの利益が平均負けトレードの損失を上回っているかぎり、それは良いシステムということになる。

12. ポジションサイジング

　最後の重要な要素がポジションサイジングだ。第５章を読んでいない人は、今すぐに読んでほしい。なぜなら、ポジションサイジングはリスク・リターン目標を達成するうえで不可欠なものだからだ。

　このあと紹介する７つのトレードシステムでは、これら12の要素のうち３つ（トレード対象、再仕掛け、ポジションサイジング）は同じである。それは異なるシステムを比較しやすくするためである。

第 7 章

複数の互いに無相関のシステムを組み合わせてリスク調整済みリターンを向上させる──システム１とシステム２とシステム３

Increasing Risk-Adjusted Return by Combining Multiple Noncorrelated Systems

— Systems 1, 2 and 3

　複数の互いに無相関のシステムを組み合わせたときの強みを、ベンチマーク（S&P500）を使って評価していく。

　次ページの**表２**は52ページのものの再掲である。

　表２を見ると分かるように、SPYのバイ・アンド・ホールド戦略は利益を出している。1995年１月から2019年７月までの間のSPYの年平均成長率（CAGR）は８％である。しかし、この成長率を達成するのと引き換えに、56％の最大ドローダウンに耐えなければならなかった。つまり、この期間の間に全資産の半分以上の含み損が出たということである。しかも、このドローダウンは86カ月も続いた。これは７年以上に相当する。

　私たちの最高のパフォーマンスを示すシステムもドローダウン状態は長い。つまり、最大になったときの資金額を下回っている期間が長いということである。資金が永遠に増加し続けるトレーダーなどいない。しかし、S&P500はその期間の93％で前の高値を下回っていた。それでS&P500をベンチマークに選んだ。

　これについて少し考えてみよう。７年間もドローダウン状態でいて、平静でいられる人なんていない。しかし、人々はこのことをもう忘れてしまっている。これについては前にも述べたが、もう一度言ってお

表2　S&P500のパフォーマンス（1995～2019年）

1995/01/02～2019/07/24	SPY
CAGR	8.02%
最大ドローダウン	56.47%
最長ドローダウン期間	86.1 カ月
年次ボラティリティ	18.67%
シャープレシオ	0.43
MARレシオ	0.14
トータルリターン	562.51%

きたい。なぜなら、このことを本当に理解していれば、トレーダーとして真のエッジ（優位性）を手に入れることができるからだ。人々はつい最近のことしか覚えていない。彼らは2008年のドローダウンだけで、回復するまでに６年かかったことを忘れてしまっている。ほとんどの人は過去数年のことしか覚えていない。しかし、例えばドットコムバブルが崩壊して市場が下落したときに何が起こったかを覚えておくことは非常に重要だ。その時点でナスダックだけに投資していれば、損失は全資産の半分なんてものではなくて、全資産の４分の３を失っただろう。ナスダックは74％も下落したからだ。たとえS&P500に投資していたとしても、市場がピークの2000年に買っていれば、13年間、利益を出すことはできなかった。S&P500は2008年になってやっと投資を始めた2000年の高値まで上昇したが、そのあと再び下落した。

　S&P500の成長を再び見るまでに、13年間ドローダウン状態にあった。こんな状態に耐えられる人がいるだろうか。投資アドバイザーを使っていれば、その人に手数料を支払わなければならないため、さらに資金状態は悪化しただろう。その間、あなたは全財産の半分を失った、しかも２回も、だ！　たかだか８％の年次平均リターンを得るために味わった痛みは大きすぎるほどに大きいものになった。

この歴史を忘れてはならない。人々は良いときだけを覚えているものだ。2009年以降、市場は大きく上昇した。しかし、このような歴史があったことを覚えておこう。そうすれば、将来がどうなろうと、正しい精神状態でシステムを構築することができるはずだ。

もっとうまくやれるシステムはないのか？

本章では7つの無相関のシステム（もっと増やすことも可能）のうち最初の3つのシステムを紹介する。これらのシステムが個々にどう機能し、組み合わせたらどう機能するのかを見ていく。

これら3つのシステムについては12の要素について解説し、バックテスト結果を示す。

これまでに紹介してきたシステムと同様に、システム間のパフォーマンスを比較しやすくするため、ポジションサイジングは一定にしている。積極的にリスクを取るポジションサイジングにすれば、リターンを高めることはできるが、その分リスクも高まる。また、これまでと同様、1つのシステムにおける最大ポジション数は10、1ポジション当たりの資金の最大比率は10％にしており、証拠金の問題は発生しないものとしている。

システム1──ロング・トレンド・ハイ・モメンタム

目標
●高いモメンタムを持つ、トレンド相場途上の銘柄をトレードする。これで市場が上昇トレンドにあるとき、好調な人気銘柄をトレードすることができる。市場センチメントが私たちに有利なときに流動性のある銘柄のみをトレードしたい。長期的なポジションを取る場

合、出来高は多いほうがよい。なぜなら、出来高は時間と共に減少するかもしれないため、流動性が十分にあるときに手仕舞いできるようにしたいからだ。

●このシステムでは、トレンドは上昇トレンドである必要がある。ただ単純に上昇トレンドであればよい。このシステムでは、ボラティリティが高い銘柄順にトレードする。

●そして、確実に仕掛けたい。これは買いポジションで、バックテストには若干のスリッページを含めているので、スリッページについてはそれほど気にしない。上昇トレンドにある間、できるだけ長くポジションにとどまりたいので、トレーリングストップの置く位置は遠くにする。

信念

バックテストによれば、モメンタムの高い銘柄が上昇トレンドにあるときに買い、利益を確保するためにトレーリングストップを置けば、確実なエッジを得ることができる。

トレード対象

NYSE（ニューヨーク証券取引所）、ナスダック、アメリカン証券取引所に上場しているすべての銘柄。

フィルター

●過去20日の平均売買代金が5000万ドルを上回る。

●最低株価が5ドル以上。私は株価が5ドルを下回る銘柄はボラティリティが高すぎるのでトレードしたくない。しかし、株価が10ドルを下回る銘柄は、機関投資家がトレードしないので、エッジがあると思っている。

112

セットアップ

● SPYの終値が100日SMA（単純移動平均線）を上回る。これはこの指数が上昇トレンドにあることを示している。

● 25日SMAの終値が50日SMAの終値を上回る。

ランキング

ポジションサイジングが許容する以上のセットアップが発生したときは、銘柄を過去200日ROC（変化率）が高い順に選ぶ。つまり、過去200日の価格上昇率が高い順ということである。これはCNBCのモニターに載る銘柄をトレードすることを意味する。価格が上昇することを期待して、大衆に加わるということである。

仕掛け

翌日の寄り付きで成り行き注文で仕掛ける。買いトレードについてはスリッページは気にしない。確実に仕掛けるのが目標。

損切り注文

トレードを仕掛けたら、買値の下に、過去20日の5ATR（真の値幅の平均。アベレージトゥルーレンジ）の位置に損切りを置く。損切り注文にこれだけの幅を持たせれば、損切り注文は日々のノイズの外側にあるため、トレードに動く余裕を与えられる。

再仕掛け

損切り注文に引っかかっても、すべての仕掛け条件が再び整えば、翌日に再び仕掛ける。

利益の保護

25%のトレーリングストップを使う。これは最初に置いた損切り注

表10　ロング・トレンド・ハイ・モメンタムのパフォーマンス

1995/01/02～2019/07/24	ロング・トレンド・ハイ・モメンタム
CAGR	22.52％
最大ドローダウン	42.14％
年次ボラティリティ	22.70％
シャープレシオ	0.99
MARレシオ	0.53
勝率	45.66％
ペイオフレシオ	3.24
１トレード当たりの平均日数	213.02
トータルリターン	14560.64％

文とは別に設定する。株価が上昇すれば、トレーリングストップは損切り注文の価格を上回って上昇する。

利食い

利益目標は設定しない。目標は、できるだけ長くトレンドに乗ることである。

ポジションサイジング

リスクは資金全体の２％、サイズは最大で資金全体の10％、最大で10のポジション。

このシステムの年平均成長率は22.52％で、このシステムだけでSPYのリターンである８％のおよそ３倍になる。しかし、ドローダウンは42％だ。これはS&P500よりは良いが、高すぎる。勝率は45％で、これは長期トレンドフォローシステムの通常の範囲内だ。これは利益を出す期間が全体の50％以下であることを意味する。ペイオフレシオ

図15　ロング・トレンド・ハイ・モメンタムの資産曲線

■ 総資産とドローダウン

（損益比率）は、システムの投資効率を示す指標で、「勝ちトレードの平均利益額を負けトレードの平均損失額で割った」ものだ。この場合、勝ちトレードの平均利益額は負けトレードの平均損失額の3.24倍である。このシステムの強みは、損切りは早く、利は伸ばす点だ。**表10**を見ると分かるように、１トレード当たりの平均保有日数は213日である。この数値は非常に長く、これが投資回転率の低いシステムであることを示している。一般に、長期のトレンドフォローシステムの場合、この数値は高いほど良い。つまり、勝ちトレードの保有期間は長いということである。

　ヒストリカルボラティリティは、S&P500が18％であるのに対し、このシステムは22.7％だ。つまり、価格変動リスクがS&P500よりも高いことを意味する。シャープレシオとMARレシオ（平均年率リターン÷最大ドローダウン）を含めたのは、トレーダーはこれらの数値を使うのが好きであること、そして、これらの指標を使えばシステムを手軽に比較することができるからである。

115

図15は、この仮想システムで1995年１月に資金10万ドルからトレードをスタートしたとすると、2019年７月までの間に資金がどのように増えたかを示したものだ。この**図15**のような曲線はトレンドフォローの典型的なパフォーマンスだ。ベア相場や横ばいではドローダウンが発生する。トレンドフォローではこういった市場状態のときに利益を出すことは不可能で、こういったときは損失を出す。さらに、S&P500が100日SMAを下回るときは、セットアップはなく、したがって新たなトレードの仕掛けはない。サイドラインに立って、ドローダウンから復活するのには長時間かかることを知ることになる。トレンドがないときにはセットアップはない。これはトレンドフォローシステムの最大の欠点だが、同時にエッジでもある。これらのシステムでは勝算があるときにのみ買いを仕掛けるのだ。

　このシステムは年平均成長率が高く、理論的には素晴らしく見える。しかし、実際のトレードではトレードが難しいこともある。**図15**を見て、「22.5％の年平均成長率を得るためなら、42％のドローダウンなんて何てことはない」と言う人がいるかもしれない。しかし、もしその人がドローダウンが発生した2000年３月にトレードを始めたとしたら、どうだろうか。５年ものドローダウンに耐えられるだろうか。ほとんどの人はそういった痛みには耐えられない。このシステム自体はS&P500やウォーレン・バフェットのファンドよりもはるかに優れてはいるが、複数の無相関のシステムを組み合わせるのはまだ始まったばかりだ。もっと多くのシステムを組み合わせれば、もっと良くなるだろう。

システム２──ショートRSIスラスト

目標
市場が下落したときのヘッジとして売る。買いポジションが損を出

し始めると、このシステムはそれらの損失を穴埋めしてくれる。このシステムは、下落の動きをとらえることができるので、長期のトレンドフォローシステムに追加するシステムとしては完璧なシステムだ。

信念

ある銘柄に対して強欲（需要とモメンタム）が存在することがある。そのときにその銘柄を売れば、数日後にもっと安い価格で買い戻すことができる統計学的確率が偶然に起こる以上のものであれば、確実なエッジを得ることができる。

投資対象

NYSE、ナスダック、アメリカン証券取引所に上場しているすべての銘柄。私たちの基準を満たす銘柄をできるだけ多く見つけたい。このシステムは1トレード当たりの利益が少ない短期トレードを行うことが目的なので、1年間でなるべく多くのトレードをしたい。トレード数が増えるほど、年平均成長率は高くなる。

フィルター

● 最低株価は5ドル以上。ペニー株は上下動が激しく、特に夜間に大きく上下動するので私の好みではない。

● 過去20日の平均売買代金が2500万ドルを上回る。売るためには十分な流動性が必要で、そのためには出来高は多くなければならない。十分な出来高がなければ、ブローカーは売り注文を受け付けてくれないこともある。

● 過去10日のATRが終値の値の3％以上。このフィルターはシステムが機能するうえでボラティリティが十分に高い銘柄を選ぶのに役立つ。ATRとして終値の比率を使うことで、どの銘柄も同じ条件でボラティリティを測定することができる。

セットアップ

● 3日RSI（相対力指数）が90を上回る。この数値はその銘柄の需要が多く、モメンタムも高いことを意味する。「ものすごい強欲」が存在すると言い換えてもよい。

● 過去2日間とも終値が前日の終値を上回る。毎日、株価は高く引けている。これによって、大衆メンタリティーの逆を行くことができる。

ランキング

7日ADXが高い順に銘柄を選ぶ。ADXは大きく動いている銘柄を選ぶのに役立つ。高いADXはトレンド反転のサインとなる。

仕掛け

翌日、前日の終値を4％以上上回る価格で売る。これは負のスリッページを負わないようにするための指値注文だ。負のスリッページはエッジをむしばむ。また、前日の終値よりも4％高い価格で売ることで、日中の強欲（需要とモメンタム）をより多くとらえられるという追加的エッジも手に入れることができる。

損切り注文

発注したら、売値の上に、過去10日の3ATRの位置に損切り注文を置く。これは遠い位置の損切り注文だが、平均回帰ではこれが重要。株価が上昇し続ければ損切り注文に引っかかることになるので、売った株を3ATRで損切りすることになる。多くのトレーダーは強欲で、大きな損失を出したくないので損切り注文の位置を近くしすぎることが多い。プロのトレーダーさえそうだ。しかし、それではエッジはなくなる。私たちが売るのは上昇している株だ。したがって、売った瞬間に平均に向かって下がり始めることは期待できない。株はおそらく

はしばらくは上昇し続けるだろう。株が息切れするポイントに到達して、下落し始めるまでには十分な余裕が必要だ。バックテストではこのシステムは損切り注文を置かないほうがパフォーマンスは良くなるが、リスク管理のできないシステムではトレードしたくない。理論的にはこのシステムは際限なく逆行することもあり得る。

再仕掛け

損切り注文に引っかかっても、すべての仕掛け条件が再び整えば、翌日に再び仕掛ける。

利益の保護

使わない。これは短期トレードなのでトレーリングストップは置かない。

利食い

●大引けで４％以上の利益が出ているときは、翌日の大引けで成り行きで手仕舞う。
●時間ベースの手仕舞いも使う。２日後に利益目標に到達しないときは、翌日に大引け成り行き注文を入れる。目標は、すぐに利益を確定するか、あるいはポジションを手仕舞うこと。保有し続ければ逆行する可能性があるからだ。それよりも手仕舞って、別の機会を探したほうがよい。

ポジションサイジング

リスクは資金全体の２％、サイズは最大で資金全体の10％、最大で10のポジション。

このシステムは年平均成長率が18％で、ドローダウンは24.66％な

表11　ショートRSIスラストのパフォーマンス

1995/01/02〜2019/07/24	ショートRSIスラスト
CAGR	18.14%
最大ドローダウン	24.66%
年次ボラティリティ	11.50%
シャープレシオ	1.58
MARレシオ	0.74
勝率	58.4%
ペイオフレシオ	0.98
ベンチマークに対する日々のリターンの相関	-0.28
トータルリターン	5897.58%

図16　ショートRSIスラストの資産曲線

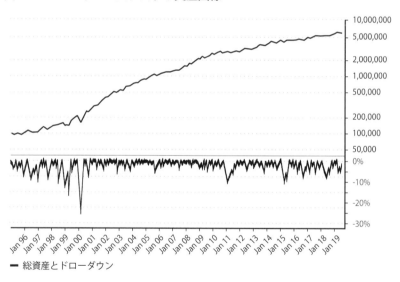

■ 総資産とドローダウン

ので、これ自体は非常に良いシステムだ。勝率も58%と高い。ペイオフレシオはほぼ1だが、これはこのタイプのシステムの特徴だ。平均回帰システムは負けトレードよりも勝ちトレードが多いことで儲ける

表12　個別システムのパフォーマンス

トレードシステム	CAGR	最大ドローダウン	MARレシオ	シャープ レシオ
ロング・トレンド・ハイ・モメンタム	22.52	42.14%	0.53	0.99
ショートRSIスラスト	18.14	24.66%	0.74	1.58

のだ。ここで最も重要な統計量は、ベンチマークに対する日々のリターンの相関だ。これは負になっている。これが私たちの望むことだ。この負の値が意味するものは、市場が下落したときに儲けるということである。私たちはこのシステムと、市場が上昇しているときに儲けるシステム（ロング・トレンド・ハイ・モメンタム）を組み合わせるので、この値は負になるのが望ましい。

　これまでのところは１つの買いシステムと１つの売りシステムを構築した。結果は**表12**のとおりである。

　表12はシステム１（ロング・トレンド・ハイ・モメンタム）とシステム２（ショートRSIスラスト）のそれぞれのパフォーマンスをまとめたものだ。これら２つのシステムを同時にトレードするとどうなるだろうか。買いシステムに100％フル投資し、同時に売りシステムも100％フル投資するのだ。つまり、レバレッジをかけてトレードするということである。買いシステムと売りシステムは互いに補い合うので、レバレッジをかけてもオーケーだ。買いシステムに100％フル投資しているときに市場が上昇すれば、買いポジションは利益を出し、売りシステムは若干の損失を出す。買いシステムに100％フル投資し、同時に売りシステムにも100％フル投資すれば、２つのシステムは互いに補い合うので、ネットイクスポージャーはほぼゼロだ。最大投資水準では、買いシステムと売りシステムはそれぞれが100％のフル投資だが、どちらの側とも100％のフル投資を行わないことは多い。買

表13　買いシステムと売りシステムを組み合わせたときのパフォーマンス

トレードシステム	CAGR	最大ドローダウン	MARレシオ	シャープレシオ
両システムに100%フル投資したとき	43.54	31.5%	1.38	2.11

表14　ロング・トレンド・ハイ・モメンタムとショートRSIスラストを組み合わせたときのパフォーマンスとSPYとの比較

1995/01/02〜2019/07/24	組み合わせたシステム	SPY
CAGR	43.54%	8.02%
最大ドローダウン	31.54%	56.47%
最長ドローダウン	16.5カ月	86.1カ月
年次ボラティリティ	20.67%	18.67%
シャープレシオ	2.11	0.43
MARレシオ	1.38	0.14
トータルリターン	714804.60%	562.51%

いシステムが70%、売りシステムが30%といった具合だ。各システムにこれ以上の資産を投資するときは資産をもっとうまく活用することができる。なぜなら、これら2つのシステムは互いに逆方向のシステムなので、基本的に逆相関になっているからだ。

　これらのシステムは両方とも明確なエッジを持っているが、これらを同時にトレードするとき、つまり、買いシステムに100%フル投資し、売りシステムにも100%フル投資するとどうなるかを見ていこう。

　表13からは複数の無相関のシステムをトレードするときのパワーを見ることができる。年平均成長率はおよそ43%で、それぞれのシステムを単独でトレードしたときよりもはるかに高い。最大ドローダウンは31%、MARレシオは1.38で健全な数値だ。最長ドローダウンは16.5カ月である。

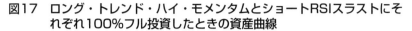

図17　ロング・トレンド・ハイ・モメンタムとショートRSIスラストにそれぞれ100%フル投資したときの資産曲線

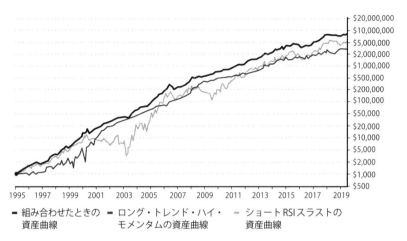

組み合わせたときの
資産曲線

ロング・トレンド・ハイ・
モメンタムの資産曲線

ショートRSIスラストの
資産曲線

　組み合わせたシステムとベンチマーク（S&P500）を比べてみると、ボラティリティを除き、そのほかの統計量は組み合わせたシステムのほうがはるかに良い。ボラティリティは組み合わせたシステムのほうが若干高い。無相関のシステムの組み合わせはトレードにおいて最大のエッジが得られるのは明らかだ。

　簡単に言えば、一方のシステムが利益を出すとき、もう一方のシステムは利益を出さないが、これらのシステムを組み合わせると、ベンチマークよりもはるかに良いパフォーマンスを示すということである。**図17**を見ると分かるように、システムを組み合わせると、それぞれのシステム単体のときよりも資産曲線は平滑化される。資産曲線はスムーズであればあるほど良い。

　表15は2つのシステムを組み合わせたときの月々のパフォーマンスを示したものだ。年間リターンを見ると、非常に魅力的だ。ほとんどの年で高い2桁のリターンを示しており、145%という年もある。マイナスになった（－2.82%）のは2018年だけである。しかし、月々

表15 ロング・トレンド・ハイ・モメンタムとショートRSIスラストを組み合わせたときの月々のパフォーマンス

%	1月	2月	3月	4月	5月	6月	7月	8月	9月	10月	11月	12月	年間	SPY	差
1995	01.17	4.01	9.88	0.90	5.73	6.84	6.21	15.08	16.44	-4.90	-0.87	-0.51	74.19	35.16	39.03
1996	4.40	7.87	3.62	2.91	-0.38	-4.66	-8.51	2.33	7.06	3.51	4.87	-3.02	20.35	20.31	0.04
1997	5.93	-0.97	3.03	15.34	8.50	8.11	7.16	0.69	8.03	-12.86	3.04	6.18	62.52	31.39	31.14
1998	6.82	11.08	9.19	9.59	-0.13	14.04	4.11	-12.34	7.93	-1.04	9.50	6.31	83.50	27.04	56.46
1999	8.61	0.78	11.52	11.09	6.26	4.74	-0.35	5.96	2.73	11.49	15.27	16.72	145.55	19.11	126.44
2000	-16.07	12.45	-2.83	-5.51	5.81	6.90	4.48	5.30	3.93	-0.58	2.73	4.77	19.93	-10.68	30.61
2001	1.79	6.22	3.95	6.39	9.00	3.65	-1.35	3.29	-0.14	4.13	0.66	4.03	49.86	-12.87	62.73
2002	6.70	3.48	-0.35	9.16	3.91	0.35	-3.70	3.56	1.30	-1.72	5.37	-3.59	26.32	-22.81	49.13
2003	-7.63	4.97	3.06	2.92	8.31	13.58	5.19	7.99	9.97	9.66	0.50	1.11	76.11	26.12	49.98
2004	12.60	-0.16	-1.61	-1.06	3.23	7.77	-8.40	2.81	10.80	6.00	15.79	9.94	71.40	8.94	62.46
2005	0.37	10.54	7.33	-6.89	11.53	8.70	11.08	2.25	4.55	4.00	13.86	2.61	93.96	3.01	90.95
2006	8.80	-7.49	16.72	-0.54	11.46	-7.91	-5.67	-9.36	0.52	7.93	7.91	1.46	21.78	13.74	8.04
2007	6.03	-1.53	-2.08	5.48	9.31	6.92	0.79	0.90	11.84	14.73	-3.72	13.81	80.25	3.24	77.00
2008	-10.02	5.60	1.27	1.82	2.34	6.17	1.86	-4.83	-1.94	1.42	2.30	4.75	9.98	-38.28	48.26
2009	-0.33	0.10	0.00	3.49	-0.16	-1.13	2.82	6.12	6.92	-0.23	6.11	0.23	26.13	23.49	2.64
2010	-2.36	5.66	4.22	7.10	-2.36	0.28	0.69	-3.37	12.03	5.66	3.29	-1.60	32.01	12.84	19.17
2011	0.19	3.08	10.38	-1.66	4.83	3.22	4.70	-7.10	-1.44	6.21	1.26	0.04	25.12	-0.20	25.32
2012	7.88	4.91	8.87	6.07	4.15	-2.59	0.89	3.03	1.48	-2.49	1.06	3.36	42.45	13.47	28.97
2013	11.33	0.03	8.07	1.79	11.22	-6.54	3.77	-0.36	12.85	-2.78	5.69	-0.58	51.78	26.69	22.09
2014	0.15	13.47	-1.44	3.00	1.70	5.76	2.43	10.96	-7.38	-0.37	9.62	3.99	48.69	11.29	37.40
2015	2.14	-1.40	2.24	-6.66	9.50	5.03	3.44	-5.66	-6.24	1.81	6.12	-6.83	1.81	-0.81	2.62
2016	-9.86	-3.45	0.77	-3.33	4.54	12.48	1.96	-1.90	-0.46	-1.43	10.95	11.72	21.27	9.64	11.63
2017	0.27	0.77	3.00	-0.85	9.94	-2.19	8.97	5.43	8.46	9.32	0.29	-2.28	48.12	19.38	28.63
2018	12.27	-2.52	-2.62	-3.37	6.12	-2.77	1.15	4.36	4.93	-9.99	-3.45	-5.01	-2.82	-6.35	3.53
2019	5.64	4.85	7.98	-3.85	-6.65	6.46	6.68						21.91	20.61	1.30

のパフォーマンスを見ると２桁のマイナスになっている月も多い。例えば、2006年の８月までを見ると、30％も下落している。これを見るとほとんどの人は次のように言うだろう――「こんなひどいパフォーマンスには耐えられない。もう終わったも同然だ」。この**表15**を見ると年ごとのパフォーマンスは良いが、上下動が激しい。結果としては悪くはないが、ボラティリティをもっと抑えて、リスク調整済みリターンを向上できれば、もっとよくなるだろう。

　全体的なボラティリティを下げ、リスク調整済みリターン（例えば、MARレシオやシャープレシオで測定）を上げ、堅牢さを向上させるには、さらに無相関のシステムを追加する必要がある。

システム３──ロング・ミーン・リバージョン・セルオフ

目標

　これは平均回帰の買いシステムで、上昇トレンドにおける一時的な押しをとらえるシステムだ。私は上昇トレンドで買うのが好きだ。なぜなら、エッジが得られるからだ。しかし、押しを待っているときに売られ過ぎになると、買いのエッジはさらに大きくなる。これは買いシステムだが、ロング・トレンド・ハイ・モメンタムとは発想が異なる。両方とも買いのシステムだが、一方は平均で200日以上持つことを目的とし、もう一方は株価が平均に回帰するまでの数日間だけ持つ。このシステムはショートRSIスラストシステムとも異なる。なぜならこのシステムは、下落する株式ではなく、売られ過ぎのあとに上昇する銘柄をトレードするのが目的だからだ。システムのコンセプトが異なるとき、それぞれに違った市場状態を利用するため、相関性は低い。またこのシステムは買いシステムなのでIRA（個人退職勘定）口座でトレードできる。

信念

　恐怖に支配された銘柄を買って、上昇するまで待っていれば大きなエッジを手にすることができることを、バックテスト結果は示している。いきなり急落し始めた株式を買うことは、人間の本能に反することだが、バックテスト結果は、そうすることは大きなエッジにつながることを示している。私の過去13年間の実際のトレードを見ると、この考え方が正しいことが分かる。

トレード対象

　NYSE、ナスダック、アメリカン証券取引所に上場しているすべて

の銘柄。前の２つのシステム同様、できるだけ多くの機会が得られる
ように、トレード対象は多いほうがよい。それぞれのトレードは素早
く小利を得るように設計されているため、できるだけ多くのトレード
を行いたい。

フィルター
●最低株価は１ドル以上。
●過去50日の平均出来高が100万株以上。
●過去10日のATRが５％以上。これでボラティリティの高い銘柄を
　とらえることができる。ボラティリティの高い銘柄はこのシステム
　が機能するうえで必要。

セットアップ
●終値が150日SMAを上回る。
●過去３日で12.5％以上の下落。このセットアップは上昇トレンドに
　おける大きな下落の動きを測定するものだ。大きな下落は、ネガテ
　ィブな決算発表といったイベントが発生したときに発生することが
　多い。それから数日内に、トレーダーはこの銘柄は買うのに打って
　つけの銘柄だと認識し、再び買う。すると、株価は再び上昇し始め
　る。

ランキング
過去３日の下落幅が大きい順に銘柄を選ぶ。

仕掛け
　前日の終値の７％下に指値注文を入れる。これは重要だ。なぜなら、
私たちが探しているのは日中に下落した銘柄だからだ。つまり、落ち
るナイフを拾う、ということである。経験のないトレーダーは手仕舞

いしたがるが、経験豊富なトレーダーはこういった状況で仕掛ける。

損切り注文

買値の下に過去10日の2.5ATRの位置に損切り注文を置く。これで価格が大きく動く余地を与えることができる。7％下落した銘柄を買ったあと、価格が急上昇していきなり儲かるといったことは期待できない。株価が底を突き、再び上昇するための余地を与えたいだけだ。でも、リスクは限定したい。

再仕掛け

損切りに引っかかったら、再び仕掛ける。

利益の保護

使わない。

利食い

終値ベースで4％以上の利益が出たら、翌日の大引けで成り行きで手仕舞う。3日たっても利益目標に達することも、損切り注文に引っかかることもなければ、翌日の大引けで成り行き注文で手仕舞う。

ポジションサイジング

リスクは資金全体の2％、サイズは最大で資金全体の10％。

勝率が63％と高く、トレード期間は短く、ドローダウンは減少している。年平均成長率はベンチマークのほぼ2倍で、ボラティリティは半分に減少している。

ベア相場でも大きな問題はなかったことが分かる。ベア相場でも、例えば個々の銘柄でショートスクイーズが発生することで、大きな上

表16　ロング・ミーン・リバージョン・セルオフのパフォーマンス

1995/01/02～2019/07/24	ロング・ミーン・リバージョン・セルオフ
CAGR	13.88%
最大ドローダウン	13.83%
最長ドローダウン	43カ月
年次ボラティリティ	10.36%
シャープレシオ	1.34
MARレシオ	1.00
勝率	63.04%
ペイオフレシオ	0.88
トータルリターン	2334.14%

図18　ロング・ミーン・リバージョン・セルオフの資産曲線

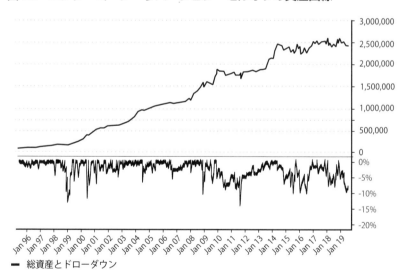

■ 総資産とドローダウン

表17　ロング・トレンド・ハイ・モメンタム（50%）、ミーン・リバージョン・セルオフ（50%）、ショートRSIスラスト（100%）を組み合わせたときのパフォーマンス

1995/01/02～2019/07/24	3システム	SPY
CAGR	39.59%	8.02%
最大ドローダウン	19.33%	56.47%
最長ドローダウン	15.9カ月	86.1カ月
年次ボラティリティ	15.11%	18.67%
シャープレシオ	2.62	0.43
MARレシオ	2.05	0.14
トータルリターン	360664.19%	562.51%

図19　ロング・トレンド・ハイ・モメンタム（50%）、ミーン・リバージョン・セルオフ（50%）、ショートRSIスラスト（100%）を組み合わせたときの資産曲線

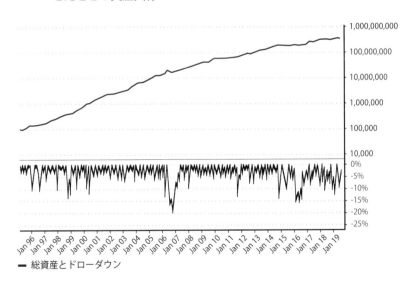

■ 総資産とドローダウン

表18 ロング・トレンド・ハイ・モメンタム、ミーン・リバージョン・セルオフ、ショートRSIスラストを組み合わせたときの月々のパフォーマンス

%	1月	2月	3月	4月	5月	6月	7月	8月	9月	10月	11月	12月	年間	SPY	差
1995	-0.26	1.27	7.00	1.01	3.83	4.15	3.94	9.12	11.21	-3.56	-1.80	-0.18	40.74	35.16	5.57
1996	3.96	5.76	4.15	1.10	-1.56	-0.16	1.39	1.38	3.73	3.45	2.58	-1.57	26.73	20.31	6.42
1997	4.67	1.95	4.34	13.15	4.06	5.70	4.01	-0.32	4.92	-2.79	7.75	6.87	68.74	31.39	37.35
1998	4.84	6.62	4.94	6.94	0.60	7.00	1.28	-9.71	7.72	-3.47	5.87	2.53	39.36	27.04	12.32
1999	6.98	4.22	8.66	11.92	10.07	4.62	0.35	5.60	5.11	12.75	9.87	6.47	129.40	19.11	110.29
2000	-4.16	6.82	5.02	1.45	7.94	4.64	9.22	-0.06	4.52	4.83	6.56	3.90	63.12	-10.68	73.80
2001	7.65	6.40	4.60	4.77	6.45	4.05	2.86	4.04	0.47	6.74	0.25	3.55	65.62	-12.87	78.49
2002	4.71	2.70	-0.95	7.71	4.42	1.72	3.12	2.87	1.41	-1.52	4.27	2.08	37.44	-22.81	60.25
2003	-2.70	6.30	2.35	1.64	3.03	15.95	5.60	4.58	9.69	5.76	4.58	4.16	79.40	26.12	53.28
2004	11.15	0.60	-0.56	-0.92	2.67	5.44	-1.83	3.15	6.12	4.15	9.63	7.09	56.70	8.94	47.77
2005	0.90	7.16	5.57	-2.56	7.05	6.23	5.56	0.70	3.66	3.39	8.82	1.26	58.76	3.01	55.74
2006	4.43	-3.65	14.43	1.55	7.77	-4.26	-2.89	-5.04	0.96	4.26	4.64	1.66	24.54	13.74	10.80
2007	4.27	0.25	-0.91	4.02	5.06	4.30	0.65	3.65	5.62	9.52	-0.73	9.10	54.32	3.24	51.08
2008	-0.16	4.69	3.75	0.23	1.57	6.46	6.36	-0.70	3.07	0.04	3.96	4.75	39.37	-38.28	77.66
2009	0.24	-0.18	-0.33	4.39	2.67	-1.82	-0.80	9.10	9.09	4.38	2.56	-0.82	31.54	23.49	8.05
2010	-1.16	4.08	1.24	4.37	-1.50	1.20	-0.39	-1.78	6.31	4.33	1.24	-0.66	18.24	12.84	5.40
2011	-1.41	0.67	5.40	-1.12	4.62	1.44	4.78	-5.01	0.29	5.32	0.70	-0.02	16.19	-0.20	16.39
2012	4.69	3.43	6.21	4.17	4.45	-1.46	0.36	0.64	1.53	-12.87	1.59	0.84	27.12	13.47	13.65
2013	7.81	1.81	4.99	0.59	9.77	-0.60	1.48	2.49	6.78	-1.89	5.30	-0.72	44.07	26.69	14.38
2014	3.40	9.23	2.72	5.71	0.53	2.83	2.58	5.57	-6.88	0.03	6.72	3.47	41.20	11.29	29.91
2015	2.73	-2.53	0.80	-7.08	7.25	2.79	4.70	-1.24	-2.96	1.59	2.61	-4.42	3.36	-0.81	4.18
2016	-8.13	0.63	0.06	-1.90	1.15	9.64	0.62	-1.59	1.34	0.75	6.58	8.91	18.10	9.64	8.46
2017	0.72	-0.59	2.39	-0.50	6.31	-0.71	3.92	3.08	7.32	6.43	-1.57	0.86	30.78	11.39	11.39
2018	8.03	-2.57	-4.34	-1.86	3.78	-1.27	0.64		4.98	-2.81	-2.65	-2.97	1.36	-6.35	7.70
2019	4.48	2.76	5.75	-4.66	-4.14	3.03	4.49						11.70	20.61	-8.92

昇の動きが発生する。このシステムはそれを狙っているのだ。

　それでは3つのシステムを組み合わせてみよう。平均回帰の買いシステムを50％、長期トレンドフォローシステムを50％、平均回帰の売りシステムを100％トレードする。SPYと比べるとすべての統計量が向上している。リスク調整済みリターンは上昇、最長ドローダウン期間は減少、ドローダウンの大きさも減少している。複数の無相関のシステムを組み合わせることで、理想とする結果を得ることができた。

　2つのシステムを組み合わせたときと比べると、3つのシステムを組み合わせたときのほうが資産曲線は平滑化され、ドローダウンの大きさも減少し、2桁のドローダウンが発生した月は少なくなっている。年平均成長率は若干下がって39.59％だが、最大ドローダウンは31.5％

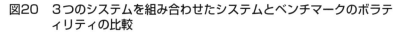

図20　３つのシステムを組み合わせたシステムとベンチマークのボラティリティの比較

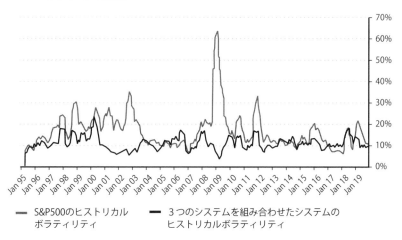

から19.3％に減少している。

　２つのシステムを組み合わせたときの年平均成長率（43％）を見て、こういう数字が欲しかったと思うかもしれないが、あなたは31.5％というドローダウンに耐えられるだろうか。こういうドローダウンに耐えられないのならトレードしても仕方ない。ドローダウンを平滑化することができて、しかもドローダウンが小さくなるのなら、年平均成長率が多少減少しても、素晴らしいシステムと言ってもいいのではないだろうか。もっと年平均成長率を高くしたいのなら、ポジションサイジングを使えば、あなたの目標を達成するアルゴリズムを作成できる可能性は大いにある。

　MARレシオが0.7のシステムよりも、3.0のシステムのほうがもちろん良い。MARレシオが高ければ、安心してトレードすることができるからだ。自分のシステムはけっしてあきらめてはならない。25％のドローダウンが発生し、それに耐えられなければ、あなたはシステムを簡単にあきらめてしまう。しかも、最悪のタイミングで。ドローダ

131

ウンがわずか10％なら、もっと安心してトレードできるだろう。一貫性を持つことは、トレードで成功するために最も重要な要素の１つである。

図20を見てみよう。これは３つのシステムを組み合わせたシステムとベンチマーク（S&P500）のボラティリティを比較したものだ。2008年のときのようにボラティリティが非常に高い時期に、買いだけをトレードしていたとすると、ポートフォリオはピーク時でこのシステムの６倍のボラティリティにさらされるだろう。

ボラティリティが低下し、年平均成長率は上昇し、ドローダウンは減少する――これは無相関のシステムを組み合わせることの大きなメリットの１つだ。

組み合わせるシステムを増やすにつれ、パフォーマンスは上昇する。システムをいくつ組み合わせるかは、成功とは無関係だ。重要なのは「互いに無相関のシステム」を組み合わせることである。２つ目のトレンドフォローシステムを加えても、ロング・トレンド・ハイ・モメンタムと同じときに損失を出すのであれば、そんなシステムを加えても意味はない。

しかし、時として無相関のシステムが相関性を持つようになることもある。市場が急落すれば、買いシステムはすべて相関関係を持つようになる。もちろん市場が急落することはそれほど多くないため、個々の銘柄が企業リスクにさらされているときでも、大きな無相関のエッジを見つけることができる。また、買いシステムが高い相関性を持つようになれば、私たちにはそれを補う売りシステムがある。

どんなシステムでも市場状態によって、儲かるときもあれば損をするときもある。良いときと悪いときをならすことができれば、資産曲線は平滑化される。

同時にトレードするシステムを増やす
ほどリターンが高くなるのはなぜか

How and Why Trading More Systems Simultaneously Improves Returns

これまで、スタイルと方向性の異なる複数のトレードシステムを組み合わせることで、高いリスク調整済みリターンを得ることができることを見てきた。問題は、組み合わせるシステムを増やし続けることはできるのかどうかである。組み合わせるシステムを増やし続ければ、重複する部分が出てきて冗長なものにはならないのだろうか。

この問題を考える前に、なぜシステムを増やしたいのか、というもっと基本的な問題を考えてみよう。3つのシステムを組み合わせた場合、年平均成長率（CAGR）が39％、最大ドローダウンが19％というバックテスト結果を得た。非常に良い数字だ。

この疑問に答えるには、次の要素を考えなければならない。

1．企業リスク
2．システムのパフォーマンスの一時的な悪化（個々のシステムのリターンのばらつき）
3．スケーラビリティー（拡張性）
4．全体的な資産曲線のボラティリティの低下

企業リスクは企業イベントと関係がある

　企業イベントには、決算の下方修正、倒産、CEO（最高経営責任者）の辞任や病気、インサイダー取引に対する訴訟、配当の変更（配当が高くなるか低くなる。売っている場合、配当が高くなるとあなたにとっては不利になる）などが含まれる。こうしたイベントによって株価は市場全体と相関のない方向に動く。株価は突然大きく動くこともある。場が引けたあとの夜間にCEOが辞任すれば、翌日、株価は10％下落して寄り付くこともある。

　その銘柄のポジションが大きい場合、こうしたサプライズはパフォーマンスに大きな影響を及ぼす。これはそのニュースやポジションによっても異なるが、パフォーマンスにポジティブやネガティブの影響を及ぼす。こんなときもエッジ（優位性）を見つけることはできるが、いくつかの企業イベントが突然発生すると、ポートフォリオに予想できないほどの影響を及ぼす。

　例えば、株価が2.70ドルの銘柄を買ったとしよう。市場が閉まったあと、その会社は収益の下方修正を発表する。すると翌日、株価は0.40ドルで寄り付く。たとえ20％のトレーリングストップを置いていたとしても、株価はあなたの損切り注文を超えてギャップダウンで寄り付くため、トレーリングストップなど無意味だ。これは実際に私に起こったことだ。こうした状況は遅かれ早かれ、だれの身にも起こる。こういったシナリオがバックテストに現れるかどうかは関係ない。断言してもよい。これは必ず起こる。これはこれまで長期にわたってトレードしてきたからこそ、言えることだ。動きがあなたにとって有利な場合、こうしたイベントにはあまり注意を払わないことが多い。大きな利益を手にしたわけだから、あなたは最高の気分だ。

　あるいは、株価が2.00ドルのバイオ株を売ったとしよう。何時間か後、会社は特許権を取得したという発表を行った。すると翌日、株価は

図21　ANTH（2018/02/09〜03/08）

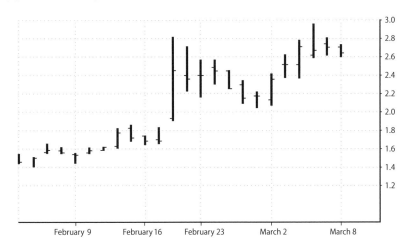

図22　ANTHの2018年3月9日の株価

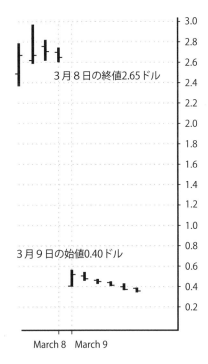

3月8日の終値2.65ドル

3月9日の始値0.40ドル

4.00ドルで寄り付く（こうしたことはバイオ株のようなボラティリティの高い銘柄ではよくあること）。もし間違った側で大きなポジションを取っていれば、あなたは破産してしまうかもしれない。損切り価格など問題ではない。損切り注文は寄り付きで執行されるが、保護機能はまったく失われている。

実例を見てみよう。

図23と**図24**のどちらのケースも、もし売っていれば、翌日は大きな損失になっていただろう。ポジションが大きいほど、損失も大きい。したがって、企業イベントには注意が必要だ。企業イベントはあなたに有利に働くこともあり、そのときはあなたは自分を天才だと思うだろう。しかし、もし間違った側にいて、資金の大部分をこの銘柄に投資していれば、破産に追い込まれることもある。

企業リスクから身を守るには、各ポジションに配分する資金は少なくすることである。そのためにはシステムを増やすこと、つまり、ポジション数を増やすことである。システムの数が多いほど、どういった企業イベントが起こっても、あなたの資金に与える影響は少ない。１つのシステムをトレードし、各ポジションに資金の10％ずつを配分した場合、負の影響は、２つのシステムを使ってトレードし、各ポジションに資金の５％ずつを配分したときの２倍になる（全システムを通じて１つの銘柄に対して１つの方向のポジションしか取らないと仮定する。例えば、２つの異なるシステムで同じ銘柄の買いポジションは取らない。ただし、同じ銘柄でも、一方のシステムでは買いポジションを取り、もう一方のシステムでは売りポジションを取ることはできる）。

図23　NBIXはギャップアップで寄り付く

図24　ICPTはギャップアップで寄り付く

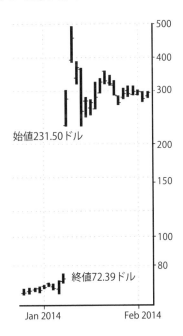

表19　トレンドフォローシステムの12カ月ローリングリターン

1995/01/02～2019/07/24	トレンドフォロー
CAGR	22.52%
12カ月の最大リターン	142.75%
12カ月の最小リターン	−28.56%

どんなシステムでも一時的にパフォーマンスが悪くなることはある

　どのシステムも、利益を出さなければならない局面で利益の出ない状況に直面することはある。これは人生に付き物で、トレードにも付き物だ。あなたはこれに対処しなければならない。悪いパフォーマンスは予想以上に長く続くこともある。つまり、時にはバックテストよりもパフォーマンスが悪くなることもあるということである。だからといって、システムに問題があるわけではない。こんなことが偶然起こることもあるというだけの話である。ブル相場で買ってもパフォーマンスが悪いこともあるが、それはアンダーパフォームするいくつかの銘柄のポジションをたまたま持っていたときだ。これによってシステム全体のパフォーマンスは低下する。

　トレンドフォローシステムの1つのローリングリターン（保有期間リターン）を見てみよう。ローリングリターンとは、ある時点より一定期間保有したとした場合の連続リターンのことを言う。

　過去24年における年平均成長率は22.52％だが、毎年同じような結果が得られるわけではない。**表19**を見れば、リターンが142％だった12カ月もあれば、リターンが−28％だった12カ月もある。

　図25を見ると分かるように、大きな富を形成したときもあれば、そうではないときもある。

図25　トレンドフォローシステムの12カ月ローリングリターン

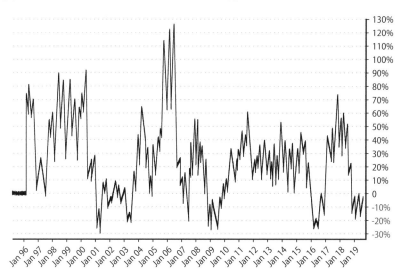

　仕掛け、ランキング、手仕舞いロジックの異なる無相関のいろいろなシステムを構築すれば、こうした結果のばらつきは必ず起こる。しかし、これらを組み合わせれば、ボラティリティは低く、資産曲線は平滑化される。ドローダウンもそれほど大きくなく、リスク調整済みリターンは高くなる。

　そこであなたは思う。「ちょっと待てよ。損失を半分にしたら、利益も半分になるのでは？」。ところが、これが複数の互いに無相関なシステムのマジックなのだ。異なるシステムは異なるときに利益を出し、各システムは平均的な統計学的エッジよりも高いエッジを持つように設計されているため、組み合わせるシステムが多くなるほどパフォーマンスは高まるのである。システムを組み合わせれば、年平均成長率は高くなり、資産曲線は平滑化される。その一方で、結果に悪影響を及ぼすような下向きの力を減らすことができる。

　組み合わせる無相関のシステムを増やせば増やすほど、ポートフォ

139

リオの全体的なボラティリティは低下し、リスク調整済みリターンは
上昇する。追加されたシステムは単体システムのポジティブやネガティブの影響力を弱めるため、資産曲線は平滑化され、またトレードのエッジも増加し、それがパフォーマンスを上げていく。リスク調整済みリターンが高ければ、ポジションサイジングはもっとアグレッシブに行うことができ、目標も達成しやすくなる。

　方向性の異なる複数のシステムをトレードすれば、市場の方向を気にする必要はなくなる。すべての市場状態をとらえられるように十分な数のシステムを組み込めば、どんな市場状態でも利益を出すことができる。1つの買いシステムだけをトレードし、何らかの理由（例えば、予想どおりのパフォーマンスを示さないような銘柄を買ってしまう）でうまくいかなければ、大きな上昇を逃してしまうことになる。しかし、ブル相場で5つの買いシステムをトレードしていれば、そのうちの1つがうまくいかなくても、ポートフォリオには大した影響は及ぼさない。そして、もちろん買いシステムと売りシステムを同時にトレードすれば、市場がどちらの方向に動いても、その動きをとらえることができる。これはあなたの精神状態を平穏に保つために極めて重要だ。

スケーラビリティー

　複数のシステムをトレードするもう1つのメリットは、口座の残高が多くなってきたときに表れる。もし2〜3のシステムしかトレードしていなければ、ポジション（金額）が大きくなりすぎてトレードできないこともある。あなたのトレードによって市場が大きく動くので、エッジがなくなることもある。大手ファンドが少ない出来高でトレードできないのはそのためだ。

　また売ることができる株数には一定の限度がある。ポジションが大

図26　システムごとの資産曲線

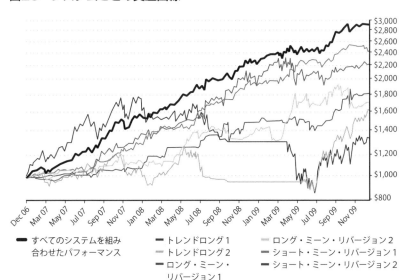

- ━ すべてのシステムを組み
  合わせたパフォーマンス
- ━ トレンドロング1
- ┅ トレンドロング2
- ━ ロング・ミーン・
  リバージョン1
- ━ ロング・ミーン・リバージョン2
- ━ ショート・ミーン・リバージョン1
- ━ ショート・ミーン・リバージョン2

きすぎれば、ブローカーは私たちに十分な株数を提供できないことも
ある。

　この問題を解決するには、複数のシステムで異なる銘柄をトレード
し、各銘柄に配分するお金を少なくすることである。これはシステム
を拡張するうえで非常に重要なことだ。

資産曲線のばらつきが少なくなる

　同時にトレードする無相関なシステムが増えれば、リターンのばら
つきが減少し、資産曲線は平滑化される。**図26**はこれを示したものだ。
　それぞれのシステムの資産曲線とすべてのシステムを組み合わせた
システムの資産曲線を比較してみよう。すべてのシステムを組み合わ
せたシステムの資産曲線のばらつきが少ないことに注目しよう。**図
26**では太線がすべてのシステムを組み合わせた資産曲線である。

2008〜2009年にかけて買いシステムのいくつかは平らになっている
——つまり、現金で持つということ——ことが分かる。しかし、すべてのシステムを組み合わせたシステムは、売りシステムのおかげで利益を出し続けている。すべてのシステムを組み合わせたシステムこそが全体的にボラティリティが低いことにもう一度注目しよう。

第 9 章

組み込む無相関のシステムの数を増やす —— システム4とシステム5とシステム6

本章では、これまでに議論してきた3つのシステムとほとんど相関のない別の3つのシステムを組み込む方法を見ていく。互いに無相関のシステムを多く組み合わせるほど、市場がどんな振る舞いをしても、リターンは一貫性を持ったものになる。

システムを拡張する方法

仕掛けの基準、ランキング、手仕舞い方法の異なる新たなトレードシステムを構築して、3つのシステムとは無相関のシステムをさらに加えていく。

市場では2つのポジションを取ることができる。買いポジションと売りポジションだ。そして、用いるアプローチは2つある。平均回帰とトレンドフォローだ。買いと売り、そして平均回帰とトレンドフォローだけ、なんだか少ないな、と思う人もいるかもしれないが、アメリカ市場にはトレードできる銘柄がおよそ7000もある（実際にトレードする銘柄数は、あなたの流動性に対する考えによって異なる）。これだけの銘柄があれば、異なる買いと売りのルールを作成することによって、タイミング良く売買する多くの異なるシステムを構築して、お金を儲けることができる。

私たちが目指しているのは、２つのシステムがパフォーマンスを示すという落とし穴に陥ることなく、もっと多くのシステムを構築することだ。そのためにはどうすればよいのだろうか。

　例としてトレンドフォローシステムを考えてみよう。調整することができる最初のパラメーターは仕掛けである。私たちはどんな銘柄を買いたいのだろうか。本書で前に述べた最初の長期トレンドフォローシステムであるロング・トレンド・ハイ・モメンタムでは、ボラティリティの高い銘柄を選んだ。コンセプトが異なるシステムでは、ボラティリティが低く、違った動きをする銘柄を選ぶことができる。それぞれのシステムではトレード候補が異なる。したがって、結果も異なる。これだけでも大きな違いが生まれる。

　また市場は出来高と価格によって分けることができる。例えば、株価が10ドルを下回る銘柄をトレードするシステムを構築したとすると、値嵩株をトレードするときとは市場参加者はまったく異なり、市場もまったく違った動きをする。出来高の多い銘柄と少ない銘柄についても同じことが言えるし、ボラティリティの高い銘柄と低い銘柄についても同じことが言える。

　この例ではモメンタムの大きな銘柄を探しているので、シンプルなトレンドフィルターを使う。異なる銘柄を探す１つの方法は、異なるルックバック期間を使うことである。例えば、50日SMA（単純移動平均）や100日SMAや200日SMAを上回る銘柄を探すといった具合だ。これらのSMAはそれぞれ短期と中期と長期のトレンドを示している。

　これに押しを見るフィルターを組み合わせることができる。例えば、３日RSI（相対力指数）が10を下回るということは、押しが深いことを示しており、30を下回ると中くらいの押し、50を下回ると弱い押しを示している。こうした押しを組み込んだシステムは、押しを組み込まないシステムに比べると、異なる銘柄を見つけられる可能性が高い。

　これらの変数をフィルターとして使っても、依然として同じ銘柄を

選んでしまう可能性はある。そこで次に注目するのがランキングだ。これはシステムのなかでも非常に重要な要素である。ヒストリカルボラティリティが高いか低いか、買われ過ぎか売られ過ぎか、トレンドが強いか弱いか……などで銘柄をランキングすることができる。異なるランキングを使えば、異なる銘柄を選ぶことができる。

　システムを異なるものにできる最後のツールが手仕舞い方法だ。市場は、時として異なるシステムに相関性を持たせてしまうことがある。だから、手仕舞い方法が異なるシステムが必要になる。

　市場が下落すると、損切りに引っかかるシステムがあるが、引っかからないシステムもあり、そのあと市場は再び上昇する。そこで利益目標を異なるサイズおよびタイプ（例えば、利益目標をATR［真の値幅の平均］やリターンの比率を使って設定する）で設定することができる。また、幅の異なるトレーリングストップを使うこともできる。

　最後に、平均回帰システムの場合、トレード日数を変えて、どの2つのシステムも同じ方法で手仕舞わないようにすることができる。

　この問題に関しては設定できる変数はいろいろあり、それらの値を変えることで、相関性を持たない複数のトレードシステムを、悪影響を与えず簡単に構築することができることが分かったはずだ。複数のシステムを組み合わせることで、資産曲線は平滑化され、リスクは減らすことができる。

　それではこれまでの3つのシステムに組み合わせる別の3つのシステムを見ていこう。

システム4──ロング・トレンド・ロー・ボラティリティ

目標
システム1（ロング・トレンド・ハイ・モメンタム）はボラティリ

ティの高い銘柄をトレードするシステムだった。すでにあるシステム
と重複するようなシステムは避けたい。このシステムは「ボラティリ
ティが低い」銘柄をトレードするので、システム1とは重複しない。
ボラティリティの高い銘柄を追跡するシステムはすでにあるので、こ
のシステムではボラティリティが低く、異なる仕掛けのルールを用い
る銘柄を探す。トレンドをフォローするのはシステム1と同じだが、
ボラティリティの高い長期のトレンドフォローシステムとの相関性は
低い。

信念

このシステムの背景にあるのは、ボラティリティの低い銘柄をトレ
ードすると大金を儲けられるという信念である。ボラティリティの低
い銘柄は機関投資家によって保有されることが多く、これらの銘柄は
大企業であることが多い。一般に、こうした企業はほかの企業に比べ
ると利益や損失を管理する一貫した方法を持っている。こうした企業
のニュースイベントには大きなサプライズはほとんどなく、すべてが
比較的スムーズに行く傾向がある。私たちは、こういった銘柄は着実
にスムーズに株価が上昇する可能性があると信じている。

トレード対象

NYSE（ニューヨーク証券取引所）、ナスダック、アメリカン証券
取引所に上場しているすべての銘柄。

フィルター

● 過去50日の1日の平均売買代金が1億ドルを上回る。
● ヒストリカルボラティリティが10〜40％の範囲内にある。これはボ
ラティリティの尺度では低い数値だ。

セットアップ

●S&P500の終値が200日SMAを上回っている。これはS&P500が上
　昇トレンドにあることを示している。
●その銘柄の終値が200日SMAを上回っている。

ランキング

　4日RSIが小さい順に銘柄を選ぶ。つまり、売られ過ぎの銘柄を選
ぶということである。これもまたシステム1と異なる点だ。システム
1では変動率の大きさでランキングした。このシステムでは売られ過
ぎの銘柄を探す。

仕掛け

　寄り付きで成り行きで仕掛ける。スリッページにかかわらず仕掛け
る。

損切り注文

　発注したら、買値の下に過去40日の1.5ATRの位置に損切り注文を
置く。これは非常に近い損切りになる。これは、リスクにさらすお金
を少なくし、株価が順行したときに大きな非対称的なリターンを得る
ためだ。

再仕掛け

　損切りに引っかかったら、再び仕掛ける。

利益の保護

　20%のトレーリングストップも置く。これで株価が上昇し続けたと
きに利益を保護することができる。

表20　ロング・トレンド・ロー・ボラティリティのパフォーマンス

1995/01/02～2019/07/24	ロング・トレンド・ロー・ボラティリティ
CAGR	13.37%
最大ドローダウン	21.13%
年次ボラティリティ	14.80%
シャープレシオ	0.90
MARレシオ	0.63
勝率	29.62%
ペイオフレシオ	6.41
トータルリターン	2077.88%

図27　ロング・トレンド・ロー・ボラティリティの資産曲線

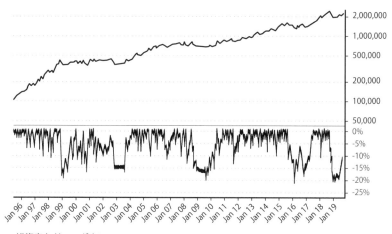

■ 総資産とドローダウン

利食い

利食いはしない。利益は伸ばす。

ポジションサイジング

リスクは資金全体の２％、サイズは最大で資金全体の10％。

　リターンは13.3％と若干低いが、ドローダウンは21.1％しかない。これは良いことだ。さらに最長ドローダウンは34カ月で、これもトレンドフォローシステムとしては良い。このシステムで最も注目すべき点は、勝率が29.6％と低いことだ。ペイオフレシオ（勝ちトレードの平均利益額÷負けトレードの平均損失額）は6.4で、勝ちトレードの効率は非常に高い。これは非対称トレードシステムの典型例だ。小さな損失はよく出すが、そんな損失を補ってくれる大きな勝ちトレードがときどき出現する。

　これを単体でトレードする人は低い勝率に不安を感じるかもしれない。しかし、このシステムは、「損切りは早く、利は伸ばす」という私たちのコアとなる原理に基づくものだ。

システム５──ロング・ミーン・リバージョン・ハイADX・リバーサル

目標

　上昇トレンドにあったが、大きく売られたあと（ここが買いポイント）、平均に回帰しようとする銘柄を買うのがこのシステムの目標だ。このシステムはミーン・リバージョン・セルオフとは異なる。

信念

　下落したあと、株価は平均に回帰し、上昇トレンドに戻る。

トレード対象

NYSE、ナスダック、アメリカン証券取引所に上場しているすべての銘柄。

フィルター

●過去50日の平均出来高が50万株を上回る。

●過去50日の平均売買代金が250万ドルを上回る（これら２つのフィルターを併用することで、低位株をトレードすれば、十分に多い出来高を得ることができる）。

●ATRが４％を上回る。私たちがトレードしたいのはボラティリティの高い銘柄だ。なぜなら、これは平均回帰システムなので、トレード日数は数日と短いからだ。

セットアップ

●終値が「100日SMA＋過去10日のATR」を上回る。これは強い上昇トレンド途上にあることを意味する。

●７日ADXが55を上回る。これは動きが強いことを示している。

●３日RSIが50を下回る。これは押しが適度であることを示している。

ランキング

７日ADXが高い順に銘柄を選ぶ。

仕掛け

前日の終値の３％下に指値をして買う。私たちが探しているのは、強い上昇トレンドのなかで若干売られ過ぎの状態にある銘柄だ。終値よりも３％下で買うことで、平均に戻ったときに大きなエッジを得ることができる。こうしたシステムは必ずしもフル投資するわけではない。なぜなら、すべての銘柄が３％下落するとは限らないからだ。10

の注文を入れても、３つか４つしか約定しないこともある。

損切り注文

買値の下に、過去10日の3ATRの位置に損切り注文を置く。これは遠い損切りになる。なぜなら、平均に戻る前に株価が下落する十分な余裕を与える必要があるからだ。株価が平均に戻る前に損切り注文に引っかかりたくはない。

再仕掛け

損切りに引っかかったら再び仕掛ける。

利益の保護

使わない。

利食い

●過去10日の1ATRに利益目標を置き、翌日の寄り付きで成り行きで手仕舞う。
●時間ベースの利益目標を置く。仕掛けてから６日後になっても損切りに引っかからず、利益目標にも達しないときは、翌日の寄り付きで成り行きで手仕舞う。

ポジションサイジング

リスクは資金全体の２％、サイズは最大で資金全体の10％。

平均回帰システムはトレンドフォローシステムに比べるとドローダウンは小さい傾向にあることが分かる。このシステムは年平均成長率（CAGR）が17.24％、最大ドローダウンが17.4％、MARレシオ（平均年率リターン÷最大ドローダウン）が0.99だ。

表21　ロング・ミーン・リバージョン・ハイADX・リバーサルのパフォーマンス

1995/01/02〜2019/07/24	ロング・ミーン・リバージョン・ハイADX・リバーサル
CAGR	17.24%
最大ドローダウン	17.39%
年次ボラティリティ	12.66%
シャープレシオ	1.36
MARレシオ	0.99
勝率	57.52%
ペイオフレシオ	0.97
トータルリターン	4863.33%

図28　ロング・ミーン・リバージョン・ハイADX・リバーサルの資産曲線

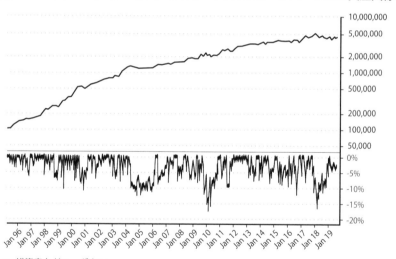

━ 総資産とドローダウン

システム6——ショート・ミーン・リバージョン・ハイ・シックスデイサージ

目標

　この平均回帰システムはショートRSIスラストとは重複せず、買われ過ぎの銘柄をトレードして利益を得る。ブル相場では損失を出すかもしれないが、横ばいや下落相場では利益を出す。

信念

　価格が継続的に上昇すると、修正して平均に戻る可能性が高い。

トレード対象

　NYSE、ナスダック、アメリカン証券取引所に上場しているすべての銘柄。

フィルター

●最低株価が5ドル以上。
●過去50日の平均売買代金が1000万ドルを上回る。

セットアップ

●直近6日間で株価が20％以上上昇。
●直近2日は前日の終値を上回って引ける。
　（これら2つの指標は、その銘柄が人気があることを示している。つまり、現在、買い圧力が強いということである）

ランキング

　直近6日間の株価の上昇が大きい順に銘柄を選ぶ。

仕掛け

前日の終値を５％上回る位置に指値を置いて売る。これは大きなエッジ（優位性）になる。なぜなら、日中に株価が５％上昇してから売るからである。

損切り注文

売値の上に、過去10日の3ATRの位置に損切り注文を置く。

再仕掛け

損切りに引っかかったら再び仕掛ける。

利益の保護

使わない。トレード期間が短期だから。

利食い

- ５％の利益が出たら、翌日の大引けで成り行きで手仕舞う。
- 時間ベースの利食いを使い、仕掛けてから３日後には大引けで成り行きで手仕舞う。

ポジションサイジング

リスクは資金全体の２％、サイズは最大で資金全体の10％。

このシステムは19％と堅実なリターンを示している。しかし、最大ドローダウンは32％と前のシステムよりも大きい。ただ、これは心配する必要はない。なぜなら、このシステムが損失を出せば、ブルマーケットシステムが利益を出すからだ。2000年のドットコムバブルのピークのとき、すべての買いシステムは大きな利益を出したが、このシステムは大きなドローダウンに見舞われた。しかし、2008～2009年に

表22　ショート・ミーン・リバージョン・ハイ・シックスデイサージの
　　　パフォーマンス

1995/01/02〜2019/07/24	ショート・ミーン・リバージョン・ハイ・シックスデイサージ
CAGR	19.27%
最大ドローダウン	32.40%
年次ボラティリティ	14.18%
シャープレシオ	1.36
MARレシオ	0.59
勝率	60.92%
ペイオフレシオ	0.59
トータルリターン	7480.28%

図29　ショート・ミーン・リバージョン・ハイ・シックスデイサージの
　　　資産曲線

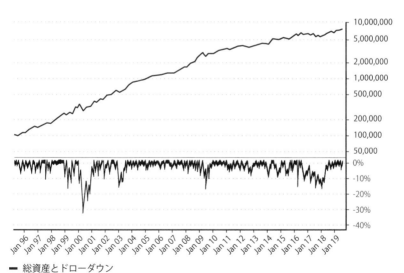

■ 総資産とドローダウン

かけては大儲けした。

注意点

　組み合わせるシステムの数を増やしていくとき、極端な市場イベントが発生すると、システムのリスクが同じ歩調で増えていくことに注意が必要である。

　例えば、トレンドフォローの買いシステムのように、同じ方向性で同じスタイルでトレードするいくつかのシステムを構築したとしよう。これらのシステムはブル相場や横ばいでは相関性はなく、利益を出すときと損失を出すときが異なるため、全体的に見れば利益が出る。しかし、市場が大きく下落すると、こうしたシステムは相関性を持ってくる。つまり、すべてのシステムが一斉に損失を出し始めるということである。複数の買いシステムを構築してもあなたを守ってくれるとは限らない。だから、売りシステムを加える必要があるのだ。

６つのシステムをすべて組み合わせる

　表23と図30は６つのシステムを組み合わせたときのパフォーマンスと資産曲線を示したものだ。これら６つのシステムでは、買いシステムも売りシステムも同時に100％フル投資を行う。したがって、いつの日でも、買いが100％以上で、売りも100％以上ということはない。

４つの買いシステム
●２つのトレンドフォロー
　●システム１──ロング・トレンド・ハイ・モメンタム（トレード資産の25％を配分）
　●システム４──ロング・トレンド・ロー・ボラティリティ（トレ

表23　6つのシステムを組み合わせたときのパフォーマンス

1995/01/02～2019/07/24	6つのシステムの組み合わせ	SPY
CAGR	35.30%	8.02%
最大ドローダウン	11.30%	56.47%
年次ボラティリティ	12.18%	18.67%
シャープレシオ	2.90	0.43
MARレシオ	3.12	0.14
ベンチマークに対する日々の リターンの相関	0.26	-
トータルリターン	167592.19%	562.51%

図30　6つのシステムを組み合わせたときの資産曲線

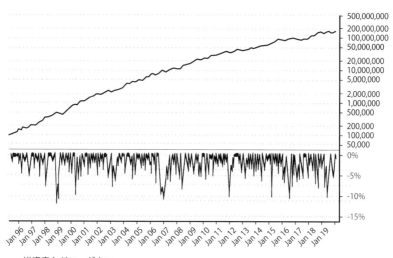

━━ 総資産とドローダウン

ード資産の25％を配分）

● 2つの平均回帰
  ● システム3 ―― ロング・ミーン・リバージョン・セルオフ（トレード資産の25％を配分）
  ● システム5 ―― ロング・ミーン・リバージョン・ハイ ADX・リバーサル（トレード資産の25％を配分）

● 2つの売りシステム
  ● システム2 ―― ショート RSI スラスト（トレード資産の50％を配分）
  ● システム6 ―― ショート・ミーン・リバージョン・ハイ・シックスデイサージ（トレード資産の50％を配分）

1995年から2019年にかけて、ベンチマークである S&P500は年平均成長率が8％、最大ドローダウンが56％、最長ドローダウンが86カ月だった。

これに対して、私たちの6つの無相関のシステムを組み合わせたシステムは年平均成長率が35％、最大ドローダウンが11％、最長ドローダウンが11カ月だった。ボラティリティはベンチマークの3分の2だ。

この結果は世界の8番目の不思議と言ってもよいだろう。無相関のシステムを組み合わせると、資産曲線は平滑化され、市場状態に関係なく一貫したパフォーマンスを示す。これは信じられないことだ。

図31と**表24**を見ると、6つのシステムを組み合わせると一貫したリターンが得られることが分かる。ネガティブなリターンよりもポジティブなリターンの月が多く、最悪のリターンは1998年8月のマイナス7.56％だった。これは平滑化された資産曲線を表すまた別の表現方法だ。6つのシステムを組み合わせたシステムは資産曲線のボラティ

図31 ６つのシステムのそれぞれの資産曲線と６つのシステムを組み合わせたときの資産曲線

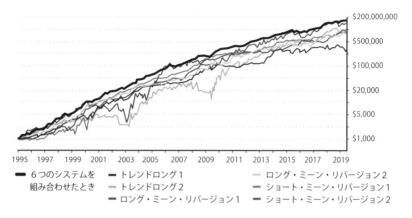

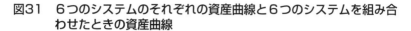

● ６つのシステムを組み合わせたとき	トレンドロング１	ロング・ミーン・リバージョン２
	トレンドロング２	ショート・ミーン・リバージョン１
	ロング・ミーン・リバージョン１	ショート・ミーン・リバージョン２

表24 ６つのシステムを組み合わせたときの月々のパフォーマンス

%	1月	2月	3月	4月	5月	6月	7月	8月	9月	10月	11月	12月	年間	SPY	差
1995	1.34	1.19	5.17	0.52	5.57	4.67	2.65	5.36	10.33	-2.29	4.60	1.51	48.28	35.16	13.12
1996	2.81	5.54	2.96	2.62	1.69	0.49	-0.08	-1.16	4.55	4.38	2.22	0.84	30.14	20.31	9.82
1997	7.43	3.47	3.12	9.88	1.96	8.57	5.22	1.69	4.62	0.58	5.75	4.45	73.38	31.39	42.00
1998	2.52	7.53	4.28	9.60	1.01	6.03	0.27	-7.56	6.50	-2.58	4.31	4.71	41.76	27.04	14.72
1999	7.07	6.04	4.94	8.54	7.07	3.41	4.68	8.11	1.79	5.46	2.89	2.57	83.58	19.11	64.47
2000	-2.44	4.60	8.45	2.95	7.25	-3.22	3.92	1.24	6.07	7.17	6.49	7.39	61.73	-10.68	72.41
2001	0.59	6.40	3.63	4.12	5.15	0.52	4.46	1.74	-1.09	3.10	2.42	3.70	40.49	-12.87	53.36
2002	3.66	3.04	1.52	4.08	3.57	1.65	1.18	2.65	0.59	-3.35	-0.05	1.20	21.36	-22.81	44.17
2003	-0.15	2.80	4.17	2.15	7.22	14.02	5.09	4.03	6.45	3.11	5.91	5.06	78.32	26.12	52.20
2004	7.72	2.07	-0.27	-1.54	1.17	3.38	-1.17	2.70	3.10	2.92	7.41	2.55	33.58	8.94	24.64
2005	0.83	8.34	3.62	-1.32	5.64	4.10	3.82	0.38	3.09	1.50	6.04	1.05	42.13	3.01	39.12
2006	4.31	-1.13	7.26	3.21	6.01	-2.20	-1.78	-0.05	-0.79	1.81	2.48	0.80	21.23	13.74	7.49
2007	3.46	-1.60	-0.86	5.63	3.51	0.94	-0.01	8.56	4.99	8.48	-1.36	8.47	47.37	3.24	44.13
2008	-3.38	5.80	1.93	2.72	3.63	4.58	6.49	1.63	2.73	1.67	3.50	4.85	42.28	-38.28	80.56
2009	2.41	1.06	0.80	5.58	0.16	-1.56	0.75	3.68	7.39	0.50	1.44	2.41	26.85	23.49	3.53
2010	-1.45	3.55	2.55	5.76	-1.89	1.33	3.02	-1.55	6.18	3.52	2.44	0.53	26.32	12.84	13.48
2011	-0.37	1.96	2.00	-0.78	3.26	1.21	2.15	-4.26	0.41	5.23	1.96	1.67	15.08	-0.20	15.28
2012	2.46	2.90	3.72	2.20	2.23	-1.80	-0.20	0.79	3.28	-0.90	1.94	0.24	18.04	13.47	4.57
2013	5.76	0.65	1.25	1.62	8.82	-1.88	1.80	0.67	4.84	1.94	4.21	-3.09	29.40	26.69	-0.29
2014	-0.04	8.79	5.13	3.83	1.00	1.28	0.37	3.20	-4.33	1.15	5.12	4.73	34.00	11.29	22.71
2015	1.92	1.42	2.86	-3.73	4.28	0.71	2.10	0.11	-2.01	0.48	3.00	-0.20	11.23	-0.81	12.04
2016	-3.88	0.54	3.70	-0.36	-1.38	6.16	-0.53	-3.57	0.97	-0.38	5.53	5.79	12.59	9.64	2.94
2017	1.29	-1.02	4.32	0.88	3.90	-2.36	1.89	4.28	4.78	6.05	2.31	0.38	29.81	19.38	10.42
2018	8.64	-2.91	-2.36	0.99	6.05	0.24	2.62	2.85	4.08	-5.95	2.26	-2.26	14.18	-6.35	20.53
2019	2.51	3.42	6.00	-2.31	-2.44	2.98	5.05						15.85	20.61	-4.76

リティが低い。これは市場が下落した年においては良いが、大きなブル相場の年には、システムは指数を打ち負かすことができないかもしれないことを意味する。

第 10 章

不測のリスク──システム7

The Risk of the Unknown — System 7

　24年にわたるバックテストデータがあったとしても、将来に起こることを完璧に言い当てることはできない。バックテストデータは過去から見れば完璧で、堅牢に見えるかもしれない。しかし、このデータには1929年や1987年の株価大暴落のシナリオは含まれていない。

　トレードを始めると、例えば、**図32**や、**図33**や、**図34**のようなことが起こったとしよう。

　これらのグラフ（**図32**、**図33**、**図34**）は私たちのバックテストのサンプル期間（**図35**）と同じ動きをしているだろうか。明らかに違っている。私たちのバックテストはブル相場のデータのみで行われた。将来は過去とは違う。したがって、これからどんなことが起こるのかを考える必要がある。

　私たちのシステムには市場が下落したときのために売りシステムも含めているが、売りシステムにはいくつかのリスクがある。

●政府が個別株の空売りを禁止するかもしれない。

●ブローカーがあなたが売りたい株数を手当てできないかもしれない。

●これはまだ考慮していないが、市場の下落モメンタムが大きすぎるかもしれない。

図32　大恐慌（1929〜1932年）時に86%下落したS&P500

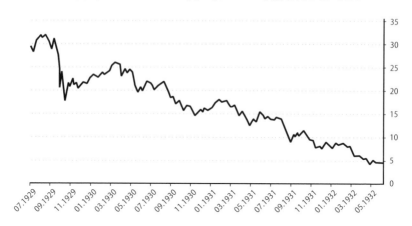

図33　インフレ時代（1968〜1982年。インフレは未調整）の S&P500

図34　1987年に大暴落したS&P500

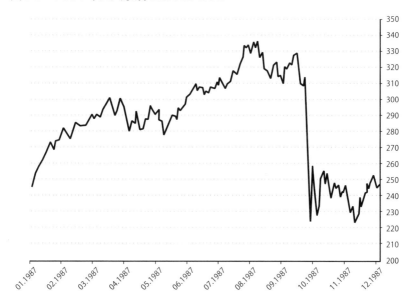

図35　サンプル期間（1995〜2019年）のS&P500

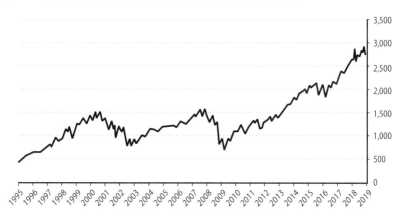

これまでに紹介してきた売りシステムは平均回帰システムだ。平均回帰システムで売るには、セットアップとして買われ過ぎになることが必要だ。これで初めて大きなエッジ（優位性）が得られるのだ。

　買われ過ぎの銘柄がない場合はどうなるのだろうか。

　市場が下げ続けるとどうなるのだろうか。これは1929年や1987年の株価大暴落で実際に起こったことだ。

　理論的には市場は下げ続けることもあり、そんなときはポジションは取れないだろう。こうなると、買いサイドで被った損失を売りサイドの利益で補うことができなくなる。セットアップが整わないため、売りポジションを取ることができないのだ。こんなときは、平均回帰システムを使ううえで必要な買われ過ぎの銘柄はないことになる。

　こんなことが起こる可能性は低いかもしれないが、もしこういったことが起こったら、準備を怠ったことを後悔するだろう。

　こうしたことを考慮して、最後に組み合わせるシステムを紹介しよう。

長期トレンドフォローの売りシステム

　このシステムは市場が下落トレンドにあり、明らかに下降モメンタムが強いときに売るシステムだ。市場が下落している間にトレンドに素早く飛び乗り、大きな利益を稼ぐというわけだ。

　しかし、ほとんどの人はトレンドフォローの売りシステムは嫌いだ。なぜなら、バックテスト結果が非常に悪いからだ（サンプルサイズはブル相場のときのものを用いるが、このシステムは下落相場で利益を出すため）。

　このシステムの価値を正しく評価するには、まずはあなたの考え方を変える必要がある。このシステムが定期的に利益を出すことを期待するのではなくて、このシステムは保険だと考えるのだ。多少のコス

トはかかり、できれば使いたくないシステムだ。しかし、このシステムが本当に必要なときは、あって良かったと心底思うはずだ。

　私たちは買いモメンタムシステムに対して有利なデータでバックテストする。しかし、将来は過去とは違う可能性だってあるし、おそらくは違ったものになるだろう。私たちに必要なのは、保険となるようなシステムだ。今のバックテストでは、長期トレンドフォローの売りシステムは正味で損失になる。おそらく実際のトレードでも損失になるだろう。しかし、本当に壊滅的なイベントが発生すると、このシステムを持っていることに感謝するだろう。

　このシステムの目的は、正味で利益を出すことではないため、このシステムのパフォーマンスは気にする必要はない。このシステムの目的は、買いシステムが確実に損失を出し、平均回帰の売りシステムが機能しないといった特殊な市場状態のときに利益を出すことである。

　年間で出す小さな損失は保険料と考えるのだ。毎年お金がかかるが、本当に悪いことが起こったときには保険金が支払われることになる。

システム７──カタストロフィーヘッジ

目標
　売りポジションを取れば確実に利益が出ることを保証してくれるような下降モメンタムのときに売る。売る商品は非常に流動性の高い商品である必要があり、売れないときに備えてその商品はデリバティブで複製できることが望ましい。このシステムの重要な目標は、市場が勢いよく下落しているときに利益を出すことである。

信念
　市場は勢いよく下落することもあるため、こういった下落のときに私たちを守ってくれるシステムが必要だ。生涯のなかでは、株式市場

で壊滅的なイベントが発生することが必ずあるため、そういったとき
に備えて準備しておくことが重要だ。ロングイクスポージャーに対す
る保険が必要ということである。このシステムはほとんどの市場状態
では機能しない。機能するのは極端な下落相場のときだけだ。したが
って、このシステムのパフォーマンスは気にする必要はない。

トレード対象──SPY（S&P500のETF）

● SPYは最も流動性のある商品である。
● 売ることができないときに備えて、どちらの方向にも均等に動く先
物やオプションといったいろいろなデリバティブを使うこともでき
る。

フィルター

使わない。

セットアップ

SPYが直近50日間の最安値を付ける。

ランキング

使わない。

仕掛け

翌日の寄り付きで成り行きで仕掛ける。

損切り注文

過去50日間の3ATRの位置に損切り注文を置く。

表25　カタストロフィーヘッジのパフォーマンス

1995/01/02～2019/07/24	カタストロフィーヘッジ	SPY
CAGR	-4.81%	8.02%
最大ドローダウン	70.42%	56.47%
年次ボラティリティ	11.97%	18.67%
シャープレシオ	-0.40	0.43
MARレシオ	-0.07	0.14
トータルリターン	-70.17%	562.51%

利益の保護

SPYが直近70日間の高値を付けるまで売りポジションを保有し、直近70日間の高値を付けたら、翌日の寄り付きで成り行きで手仕舞う。

利食い

使わない。

ポジションサイジング

この例では、これは唯一のシステムなので資金全体の100％を使う（組み合わせシステムでは資金全体の100％は使わない）。

前にも述べたように、**表25**の結果は一見ひどいものに見える。しかし、過去24年の間に支払った保険料も同じようなものだろう。

このシステムの考え方を理解しなければ、「こんなシステム、役に立つの？」と思うだろう。しかし、**図36**の資産曲線を見てみよう。

四角で囲んだ部分がこのシステムが利益を出す部分だ。このシステムは危機のときに利益を出すのである。

一歩進めて、このシステムを大昔（1927年）にさかのぼって検証し

図36　カタストロフィーヘッジの資産曲線

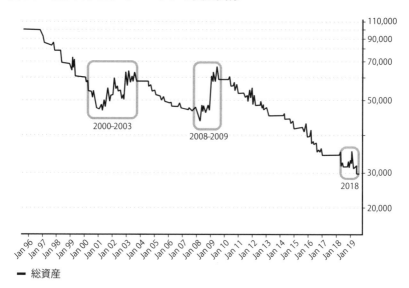

■ 総資産

図37　カタストロフィーヘッジの資産曲線（1927～2019年）

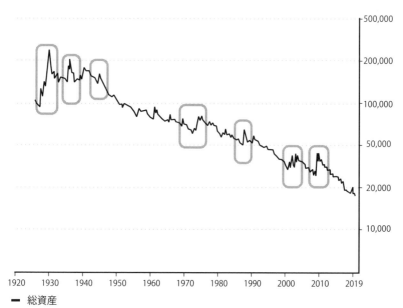

■ 総資産

表26　カタストロフィーヘッジのベスト15トレード

仕掛け日	仕掛け価格	手仕舞い日	手仕舞い価格	利益（％）
1931.04.16	15.98	1932.03.07	8.82	44.2
2008.06.23	1,318.00	2009.05.04	907.24	30.4
1937.09.02	15.36	1938.06.23	11.03	27.7
1973.11.15	102.43	1975.01.28	76.03	25.8
1929.10.22	28.27	1930.02.05	23.31	17.9
2000.10.09	1,402.03	2001.12.06	1,167.10	16.5
1941.10.08	9.98	1942.06.05	8.37	16.0
1987.10.13	314.52	1988.02.22	265.64	15.7
1932.04.01	7.18	1932.08.01	6.11	14.6
1946.07.16	17.97	1946.12.20	15.50	13.7
1940.05.11	11.80	1940.08.12	10.38	12.0
1962.04.13	67.90	1962.11.15	59.97	11.7
1957.08.07	47.03	1958.01.30	41.68	11.4
1930.09.26	19.43	1931.02.11	17.28	10.9
2002.06.04	1,040.69	2003.05.05	926.55	10.6

てみよう（**図37**）。ここではSPYは使えない、ETFはまだ存在しなかったからだ。代わりにS&P500を使った。

　図36と同じパターンが見て取れる。本当に利益を出す必要が生じるまで損失ばかり出している。

　実際の数値を見てみよう。**表26**はこのシステムのベスト15トレードの数値だ。

　表26を見ると分かるように、このシステムは私たちが本当に必要なときに効果を発揮する。しかし、当然ながらコストはかかる。損失を出している年のほうが多い。バックテストでは勝率はわずか14％だ。残りは負けトレードである。ほとんどの年でリターンはマイナスだ。

表27　カタストロフィーヘッジ　最も利益を出した年

トレード数	年	利益（%）
1	1931	36.40
1	2008	31.80
1	1974	27.00
3	1937	26.20
1	1929	19.10
3	1930	19.00
1	1987	18.00
2	1941	12.90
1	1957	12.00
1	2001	10.20
2	1962	9.30
3	1946	8.10
1	2018	7.00
2	1973	5.90

　このシステムを６つのシステムを組み合わせたシステムに組み込む。この例では、売りシステムにおけるカタストロフィーヘッジの資産配分は20％だ。MRショートシステムの配分を若干減らし、減らした分をカタストロフィーヘッジシステムに回した。

　こうした資産配分だと安心だ。1929年、1987年、2008年のように市場が勢いよく下落するとき、すべてとは言わないまでも多くの買いポジションのセットアップはないからだ。買いサイドでフル投資しているわけではないので、カタストロフィーヘッジにはあまり多くのお金は配分しない。

表28 ７つのシステムを組み合わせたパフォーマンス

1995/01/02〜2019/07/24	７つのシステムの組み合わせ	SPY
CAGR	30.44%	8.02%
最大ドローダウン	11.83%	56.47%
年次ボラティリティ	11.22%	18.67%
シャープレシオ	2.71	0.43
MARレシオ	2.57	0.14
トータルリターン	68115.39%	562.51%

７つのシステムを組み合わせる

表28は、カタストロフィーヘッジを含めた７つのシステムをすべて組み合わせたときのパフォーマンスを示したものだ。各システムの資産配分は以下のとおりである。

４つの買いシステム
● ２つのトレンドフォロー
- システム１──ロング・トレンド・ハイ・モメンタム（トレード資産の25％を配分）
- システム４──ロング・トレンド・ロー・ボラティリティ（トレード資産の25％を配分）
● ２つの平均回帰
- システム３──ロング・ミーン・リバージョン・セルオフ（トレード資産の25％を配分）
- システム５──ロング・ミーン・リバージョン・ハイADX・リバーサル（トレード資産の25％を配分）

3つの売りシステム

● 2つの平均回帰
  ● システム2──ショートRSIスラスト（トレード資産の40％を配分）
  ● システム6──ショート・ミーン・リバージョン・ハイ・シックスデイサージ（トレード資産の40％を配分）
● 1つのトレンドフォロー
  ● システム7──カタストロフィーヘッジ（トレード資産の20％を配分）

　第9章の**表23**の6つのシステムを組み合わせたシステムのパフォーマンスと比べると、**表28**の7つのシステムを組み合わせたシステムの年平均成長率は減少しているが、平均回帰システムはベア相場で利益を出すので、ドローダウンはあまり大きくない。

　また壊滅的な状況が発生したり、空売りができなかったり、あるいは1929年から1932年のときや1987年のときのような大暴落が起きて大きな下降モメンタムが発生したときには、カタストロフィーヘッジシステムを含めておいたことに安堵するだろう。

結論

　これまで本書を読んできて、私が述べている投資パフォーマンスがごまかしではないことは分かってくれたことと思う。この投資パフォーマンスは、自分のことをしっかりと認識し、規律を守り、一貫してトレードするシステムを構築する固い意志があれば、達成することはできる。本書で述べてきた複数の相関のないシステムを組み合わせるというトレード戦略によって、痛みと不安は減少し、市場にとどまって金銭的な目標を達成することが可能になる。金銭的な目標を達成できれば、あなたの人生の目標も達成できる可能性は高い。

　複数の無相関のシステムを日足データを使って自動でトレードすることの利点は無数にある。私と私の受講生の経験によれば、とりわけ注目すべき利点は以下のようなことである。

●1日中、モニターの前に座っている必要はない。毎日、市場が開く前に注文を入れておけば（これはトレードするシステムの数によっても異なるが）、モニターの前にいなければならない時間は1日にわずか10分から1時間。

●自分のスタイル、状況、リスク許容量に合ったシステムを構築したら、あとの仕事はコンピューターがやってくれる。トレード作業の大部分は自動化されるため、自由になる時間が増える。

●ニュースをみたり、新聞を読む必要はない。

●国の経済状況を気にする必要はない。なぜなら、経済が良くても悪くてもお金を稼げるからだ。

●トレードする会社のファンダメンタルズを気にする必要はない。つまり、その会社が有望なのか、問題を抱えているのかはすべてノイズでしかない。ファンダメンタルズはすべて無視してよい。

●あなたにはあなたの生活がある。モニターの前に常にへばりついているわけにはいかず、経済のこと、FRB（連邦準備制度理事会）が出してくる警告、決算の下方修正を常に心配しているわけにもいかない。市場が開く前にトレードシステムがコンピューターではじき出した方向に従って注文を出せば、あとはあなたの好きなことをしていればよい。

●あなたは自分が理解し、信じることができるシステムを構築したので、トレードには何の不安もない。市場が何をしていても心配する必要はない。事実、市場の振る舞いはほとんど無関係。

●あなたはブル相場でも、ベア相場でも、横ばいでも儲けることができる。これで不安はなくなり、落ち着いていられる。

●一貫して2桁の年間リターンを上げることができる。リターンの大きさはリスク許容量と関係がある。

●ドローダウンは市場のドローダウンよりもはるかに低い（これでまた不安は軽減する）。S&P500も、ウォーレン・バフェットも、そのほかの多くのファンドも、これまでに50%を超えるドローダウンを出してきた。あなたのリスク許容量にもよるが、大きなドローダウンを出さずに市場を打ち負かし、大きなリターンを達成することができる。あなたのドローダウンはS&P500やウォーレン・バフェットなどのファンドに比べると3倍も低い。それでもって市場を打ち負かすことができるのだ。

　本書で述べてきたアプローチは心の平穏をもたらすものだ。しかし、最初は難しいかもしれない。ハードワークが必要になるだろう。しかし、努力するだけの価値はある。安心してトレードでき、お金のことを気にすることなく自由な人生を送れるのだ。

　これは中途半端な気持ちではできない。あきらめないで最後までやり抜くことが重要だ。もちろん利益の出ない時期は必ずある。多くの

トレーダーが失敗するのは、痛みが最大のときに、おじけづき、そのシステムを放棄してしまうからだ。

私が説明したコンセプトを理解し、プログラミング能力があるのであれば、私が言ったことに従ってシステムを自分で構築することをお勧めする。私や私の受講生のように、トレーダーとして成功すること間違いなしだ。

しかし、多くの人にとって、これを自分自身でやるとなると、複雑で時間のムダになる可能性もある。何年も試行錯誤を繰り返さなければならないかもしれない。あなたの信念、あなたのリスク許容量、あなたの目標に合うシステム、いったん構築すれば実行に1日30分しかかからない、そして、自動化することさえできる複数のシステムを組み合わせたシステムを構築するのに手伝いが必要なら、私が賢明なトレーダーと思うような厳選した人々のグループに対しては、私が教えることもできる。

本書で私が述べたコンセプトには賛同するが、トレードシステムを自分で構築する時間もスキルもない人、あるいはハードワークの量を考えると圧倒されてしまうという人は、ぜひご一報いただきたい。私がトレーディング・マスタリー・スクールで顧客とどんなふうにかかわっているかを知りたい人は、以下のアドレスにアクセスしてもらいたい（https://tradingmasteryschool.com/private-coaching）。

エリート・メンタリング・プログラムに申し込めば、私が個人的に指導する。詳しくは、上記のアドレスにアクセスしてもらいたい。

複数の互いに無相関のシステムをトレードするのはけっしてマジックなんかではない。正しく行えば、結果はおのずとついてくる。それぞれのシステムが特定の市場状態でエッジ（優位性）を持つ、複数の互いに無相関のシステムを同時にトレードする効果は絶大だ。めったにお目にかかれないような最高のパフォーマンスが得られ、リスクは低減でき、心には平穏がもたらされる。

こんなものを欲しがらない人なんて、いるのだろうか。

あなたへのプレゼント

　本書を読んでくれたことに感謝する。お役に立ったのなら私にとってこれ以上の喜びはない。情報を違った形式で提供していれば、もっと学びやすかった人もいるに違いない。情報量が多く、たくさんの数字が出てきたことに戸惑った人もいるだろう。

　人によっては、私から直接学んだほうが学びやすい人もいるだろう。以下に述べるサイトは、本書の内容をビデオにまとめたものだ。本書では述べなかったことも追加されている。このビデオコースは、分かりやすい例と分かりやすい説明で、本書をより深く理解するのに役立つはずだ。ビデオコースもあなたの学習のお役に立てれば幸いだ。

　無料のビデオコースは、https://tradingmasteryschool.com/book-offer にアクセスしてもらいたい。

著者紹介

ローレンス・ベンスドープ（Laurens Bensdorp）。

トレーディング・マスタリー・スクールの創始者兼CEO（最高経営責任者）。『The 30-Minute Stock Trader : The Stress-Free Trading Strategy for Financial Freedom（ザ・サーティー・ミニット・ストック・トレーダー——ザ・ストレス・フリー・トレーディング・ストラテジー・フォア・ファイナンシャル・フリーダム）』（パンローリングより近刊予定）の著者。

急流下りのガイドやインストラクターとして仕事を始め、ドイツ、オーストリア、トルコ、イスラエル、ドミニカ共和国、コスタリカ、チリで働いてきた。2000年、メキシコの急流下り会社を売却し、オランダの投資会社で投資マネジャーとして働き始める。

会社の置かれた状況は厳しく、自身が数学やファイナンスの正式な訓練を受けたこともなかったので、何年もかけて成功するトレードについて独学で勉強し、トレードやリスクマネジメントを学ぶ。そして次の10年間は、利益を最大化し、リスクを限定し、マネジメント時間を実質的にゼロにするために、アルゴリズムに基づく自動化トレードプラットフォームの開発・洗練化に費す。2007年以降、リターンがマイナスの年はなく、2007年から2019年にかけてはリスク調整済みリターンはS&P500の5倍にまで増大した。

彼はバン・タープの『トレードコーチとメンタルクリニック——無理をしない自分だけの成功ルール』（パンローリング）のなかに登場した。各トレーダーの個性に合ったシステム化され自動化された組み合わせシステムでのトレードを教えているのは彼ただ1人で、彼自身は今現在、50を上回るシステムを組み合わせたシステムでトレードしている。

5つの言語に堪能な彼は、旅行をしているわけではないが、今、家

族とスペイン南部で暮らしている。

　彼は妻のマデリンとハッピー・コロンビア財団を立ち上げた。これ
はコロンビアの高校生が奨学金を取得するのを助けるための事業団だ。
本書の売上金はすべてこの財団に寄付される。

■監修者紹介
長岡半太郎（ながおか・はんたろう）
放送大学教養学部卒。放送大学大学院文化科学研究科（情報学）修了・修士（学術）。日米の銀行、CTA、ヘッジファンドなどを経て、現在は中堅運用会社勤務。全国通訳案内士、認定心理士、2級ファイナンシャル・プランニング技能士（FP）。『バフェットとマンガーによる株主総会実況中継』『ルール』『不動産王』『バフェットからの手紙【第5版】』『その後のとなりの億万長者』『IPOトレード入門』『ウォール・ストリート・ストーリーズ』『システム検証DIYプロジェクト』『株式投資　完全入門』など、多数。

■訳者紹介
山下恵美子（やました・えみこ）
電気通信大学・電子工学科卒。エレクトロニクス専門商社で社内翻訳スタッフとして勤務したあと、現在はフリーランスで特許翻訳、ノンフィクションを中心に翻訳活動を展開中。主な訳書に『ラリー・ウィリアムズの短期売買法【第2版】』『損切りか保有かを決める最大逆行幅入門』『株式超短期売買法』『プライスアクションとローソク足の法則』『トレードシステムはどう作ればよいのか　1　2』『トレードコーチとメンタルクリニック』『トレードシステムの法則』『トレンドフォロー白書』『スーパーストック発掘法』『出来高・価格分析の完全ガイド』『アルゴリズムトレードの道具箱』『ウォール街のモメンタムウォーカー【個別銘柄編】』『プライスアクション短期売買法』『新訳 バブルの歴史』『トレンドフォロー大全』『アセットアロケーションの最適化』『フルタイムトレーダー完全マニュアル【第3版】』『アルゴトレードの入門から実践へ』『指数先物の高勝率短期売買』『出来高・価格分析の実践チャート入門』『イェール大学流資産形成術』『システム検証DIYプロジェクト』（以上、パンローリング）のほか多数、『FORBEGINNERSシリーズ90　数学』（現代書館）、『ゲーム開発のための数学・物理学入門』（ソフトバンク・パブリッシング）がある。

2021年8月3日　初版第1刷発行

ウィザードブックシリーズ ⑯

強気でも弱気でも横ばいでも機能する
高リターン・低ドローダウン戦略
──買いと売り、長期と短期の無相関のシステムを組み合わせる

著　者	ローレンス・ベンスドープ
監修者	長岡半太郎
訳　者	山下恵美子
発行者	後藤康徳
発行所	パンローリング株式会社
	〒160-0023　東京都新宿区西新宿7-9-18　6階
	TEL 03-5386-7391　FAX 03-5386-7393
	http://www.panrolling.com/
	E-mail　info@panrolling.com
編　集	エフ・ジー・アイ（Factory of Gnomic Three Monkeys Investment）合資会社
装　丁	パンローリング装丁室
組　版	パンローリング制作室
印刷・製本	株式会社シナノ

ISBN978-4-7759-7285-4

ジャック・D・シュワッガー

現在は、FundSeeder.comの共同設立者兼最高リサーチ責任者として、まだ知られていない有能なトレーダーを世界中から見つけることに注力している。著書には『マーケットの魔術師』シリーズ5冊(『マーケットの魔術師』『新マーケットの魔術師』『マーケットの魔術師【株式編】』『続マーケットの魔術師』『知られざるマーケットの魔術師』)などがある。

ウィザードブックシリーズ 19

マーケットの魔術師
米トップトレーダーが語る成功の秘訣

定価 本体2,800円+税　ISBN:9784939103407

トレード界の「ドリームチーム」が勢ぞろい

世界中から絶賛されたあの名著が新装版で復刻！
投資を極めたウィザードたちの珠玉のインタビュー集！
今や伝説となった、リチャード・デニス、トム・ボールドウィン、マイケル・マーカス、ブルース・コフナー、ウィリアム・オニール、ポール・チューダー・ジョーンズ、エド・スィコータ、ジム・ロジャーズ、マーティン・シュワルツなど。

ウィザードブックシリーズ 315

知られざる
マーケットの魔術師

驚異の成績を上げる無名トレーダーたちの素顔と成功の秘密

定価 本体2,800円+税　ISBN:9784775972847

30年にわたって人気を博してきた
『マーケットの魔術師』シリーズの第5弾！

本書は自己資金を運用する個人トレーダーに焦点を当てている。まったく知られていない存在にもかかわらず、彼らはプロの一流のマネーマネジャーに匹敵するパフォーマンスを残している！

バン・K・タープ博士

コンサルタントやトレーディングコーチとして国際的に知られ、バン・タープ・インスティチュートの創始者兼社長でもある。これまでトレーディングや投資関連の数々のベストセラーを世に送り出してきた。講演者としても引っ張りだこで、トレーディング会社や個人を対象にしたワークショップを世界中で開催している。またフォーブス、バロンズ、マーケットウイーク、インベスターズ・ビジネス・デイリーなどに多くの記事を寄稿している。

ウィザードブックシリーズ 134

新版 魔術師たちの心理学

定価 本体2,800円+税　ISBN:9784775971000

秘密を公開しすぎた

ロングセラーの大幅改訂版が(全面新訳!!)新登場。
儲かる手法(聖杯)はあなたの中にあった!!あなただけの戦術・戦略の編み出し方がわかるプロの教科書!

ウィザードブックシリーズ 160

タープ博士のトレード学校
ポジションサイジング入門

定価 本体2,800円+税　ISBN:9784775971277

スーパートレーダーになるための自己改造計画

『新版 魔術師たちの心理学』入門編。
タープが投げかけるさまざまな質問に答えることで、トレーダーとして成功することについて、あなたには真剣に考える機会が与えられるだろう。

ウィザードブックシリーズ215

トレードコーチとメンタルクリニック

定価 本体2,800円+税　ISBN:9784775971819

あなたを 自己発見の旅へといざなう

己の内面を見つめることで、あなたの意思決定に大きな影響を及ぼしている心に染み付いた考えや信念や認識から解き放たれる。成績を向上させ、スーパートレーダーへの第一歩となるヒントが満載。

マーク・ダグラス

シカゴのトレーダー育成機関であるトレーディング・ビヘイビアー・ダイナミクス社の社長だった。自らの苦いトレード経験と多くのトレーダーの話や経験から、トレードで成功できない原因とその克服策を提案している相場心理学のパイオニアだった。ダグラスの著書は投資業界の古典として、またウォートン・ビジネス・スクールはじめアメリカの多くの大学院で今も使われている。2015年没（享年67歳）。

ウィザードブックシリーズ 252

ゾーン 最終章
トレーダーで成功するための
マーク・ダグラスからの最後のアドバイス

定価 本体2,800円+税　ISBN:9784775972168

トレード心理学の大家の集大成！

1980年代、トレード心理学は未知の分野であった。創始者の一人であるマーク・ダグラスは当時から、この分野に多くのトレーダーを導いてきた。本書を読めば、着実に利益を増やしていくために何をすべきか、どういう考え方をすべきかについて、すべての人の迷いを消し去ってくれるだろう。

ウィザードブックシリーズ 32

ゾーン 勝つ相場心理学入門

定価 本体2,800円+税　ISBN:9784939103575

「ゾーン」に達した者が勝つ投資家になる！
恐怖心ゼロ、悩みゼロで、結果は気にせず、淡々と直感的に行動し、反応し、ただその瞬間に「するだけ」の境地…すなわちそれが「ゾーン」である。
「ゾーン」へたどり着く方法とは？
約20年間にわたって、多くのトレーダーたちが自信、規律、そして一貫性を習得するために、必要で、勝つ姿勢を教授し、育成支援してきた著者が究極の相場心理を伝授する！

ウィザードブックシリーズ 114
規律とトレーダー
定価 本体2,800円+税　ISBN:9784775970805

トレーディングは心の問題であると悟った投資家・トレーダーたち、必携の書籍！

ウィザードブックシリーズ 183

システムトレード 基本と原則

著者：ブレント・ペンフォールド

定価 本体4,800円+税　ISBN:9784775971505

大成功しているトレーダーには「ある共通項」があった!!

本書は勝者と敗者を分かつトレーディング原則を明確に述べる。トレーディングは異なるマーケット、異なる時間枠、異なるテクニックに基づく異なる銘柄で行われることがある。だが、成功しているすべてのトレーダーをつなぐ共通項がある。トレーディングで成功するための普遍的な原則だ。

ウィザードブックシリーズ 216

高勝率システムの考え方と作り方と検証

著者：ローレンス・A・コナーズ

定価 本体7,800円+税　ISBN:9784775971833

あふれ出る新トレード戦略と新オシレーターとシステム開発の世界的権威!

ギャップを利用した株式トレード法、短期での押し目買い戦略、ETFを利用したトレード手法、ナンピンでなく買い下がり戦略の奥義伝授、ボリンジャーバンドを利用した売買法、新しいオシレーター　コナーズRSIに基づくトレードなど、初心者のホームトレーダーにも理解しやすい戦略が満載されている。

ウィザードブックシリーズ 217

トレードシステムの法則

著者：キース・フィッチェン

定価 本体7,800円+税　ISBN:9784775971864

利益の出るトレードシステムの開発・検証・実行とは

自分のリスク・リワード目標に一致し、リアルタイムでもバックテストと同様のパフォーマンスが得られるトレーダブルな戦略を開発するのは容易なことではない。しかし、正しい方法で行えば、トレーダブルな戦略を開発することは可能である。

ウィザードブックシリーズ 250

アルゴリズムトレードの道具箱
VBA、Python、トレードステーション、アミブローカーを使いこなすために

ジョージ・プルート【著】

定価 本体9,800円+税　ISBN:9784775972205

富を自動的に創造する世界に飛び込もう!

技術の進歩によって、今や平均的なトレーダーでもアイデアを低コストで簡単に実装できるようになった。自分のトレードアイデアをもとに最高のアルゴリズムを作成したいと思っているが、どこから始めればよいのか分からない人やプログラミングなどやったことがない人にとって、本書は完璧なコードを素早く簡単に書くための良い出発点になるだろう。

ウィザードブックシリーズ 290

アルゴトレードの
入門から実践へ

ケビン・J・ダービー【著】

定価 本体2,800円+税　ISBN:9784775972595

初心者でもわかる「アルゴトレード」の基礎の基礎

第1部では、個人トレーダーのあなたがアルゴトレードに向いているかどうかが分かる。第2部では、すぐに実践だ。41の仕掛けのアイデア、11の手仕舞いのアイデア、それらのTrade Station用のイージーランゲージコードが掲載されている。

世界一簡単な
アルゴリズムトレードの構築方法

ペリー・J・カウフマン【著】

定価 本体5,800円+税　ISBN:9784775972137

あなたに合った戦略を見つけるために

本書で最も重視するものはシンプルさである。基本的なベストプラクティスから実際のシステム設計に至るまで、簡単なアプローチのほうが人々に好まれ、勝利を収めることが実証されている。

株式トレード 基本と原則

定価 本体3,800円+税　ISBN：9784775972342

生涯に渡って使えるトレード力を向上させる知識が満載！

ミネルヴィニをアメリカで最も成功した株式トレーダーの1人にしたトレード
ルールや秘密のテクニックを惜しげもなく明らかにしている本書を読めば、
あなたは自分のトレードでミネルヴィニの手法を使って、文字どおりトレード
大会のチャンピオンのようにトレードをする方法を学ぶことができるだろ
う！

マーケットのテクニカル分析

定価 本体5,800円+税　ISBN：9784775972267

トレード手法と売買指標の完全総合ガイド

初心者から上級者までのあらゆるレベルのトレーダーにとって有益な本書
のテクニカル分析の解説を読むことで、チャートの基本的な初級から上級ま
での応用から最新のコンピューター技術と分析システムの最前線までを一
気に知ることができるだろう。

高勝率トレード学のススメ

定価 本体5,800円+税　ISBN：9784775970744

あなたも利益を上げ続ける少数のベストトレーダーになれる！

著者が長年にわたっていろいろなシステムを渡り歩き、試行錯誤を重ねた末
にたどり着いた結論を集約したものが本書である。何がうまくいき、何がうま
くいかないのか。そして、それはなぜなのか。著者マーセル・リンクが忍耐力
を身につけ常に勝てるトレーダーになるまでの道のりを赤裸々に綴ったサク
セスストーリーを今あなたにお届けする。

フルタイムトレーダー完全マニュアル

定価 本体5,800円+税　ISBN：9784775970850

相場で生計を立てるための全基礎知識

長年の経験から市場のメカニズムを直感的に理解するスキルを築き上げた
ジョン・F・カーターによる本書の特徴を一言で言うならば、「痒いところに手
が届く」というのが最も的確だろう。プロのフルタイムトレーダーとして第一
線で活躍したいという夢は、本書を手にしたあなたなら、それはもう射程内
にとらえたも同然である！

バリュー投資アイデアマニュアル

ジョン・ミハルジェビック【著】

定価 本体2,800円+税　ISBN:9784775971888

「あなたの性格に合ったバリュー投資法」を探せ！

本書は、著者の素晴らしいニュースレターをすべての投資家が体験できる機会であり、最高のアイデアを探し、分析し、導入するための実績ある枠組みを提供している。100人以上のトップファンドマネジャーのインタビューに基づいた本書は、知恵の宝庫であり、ウォーレン・バフェット、グレン・グリーンバーグ、ジョエル・グリーンブラットといったスーパーバリュー投資家の思考の過程も垣間見ることができる。

ディープバリュー投資入門

トビアス・E・カーライル【著】

定価 本体2,200円+税　ISBN : 9784775972366

驚異のバリュー指標「買収者のマルチプル」

本書では、バフェットやグリーンブラットの「魔法の公式」のパフォーマンスを上回る「格安な価格の適正企業」（買収者のマルチプル）の見つけ方を平易な言葉で説明していく。ビジネスに関する正規の教育を受けていない者でも、投資におけるバリューアプローチが理解でき、読後、5分後にはそれを利用できるようになるだろう。

とびきり良い会社をほどよい価格で買う方法

チャーリー・ティエン【著】

定価 本体2,800円+税　ISBN : 9784775972304

投資の達人と同じように投資できる！

バリュー投資で名高いウォーレン・バフェットは、「私はほどよい会社をとびきり安く買うよりも、とびきり良い会社をほどよい価格で買いたい」と事あるごとに言っている。バフェットに巨万の富をもたらしたのは、この単純明快な経験則だった。この種の投資戦略で富を築くための重要なカギは、株価と企業の質を正確に測ることだ。本書はその両方を1冊で解決する情報源である。

インデックス投資は勝者のゲーム

ジョン・C・ボーグル【著】

定価 本体1,800円+税　ISBN : 9784775972328

市場に勝つのはインデックスファンドだけ！

本書は、市場に関する知恵を伝える一級の手引書である。もはや伝説となった投資信託のパイオニアであるジョン・C・ボーグルが、投資からより多くの果実を得る方法を明らかにしている。つまり、コストの低いインデックスファンドだ。ボーグルは、長期にわたって富を蓄積するため、もっとも簡単かつ効果的な投資戦略を教えてくれている。

ウィザードブックシリーズ301

ルール

トレードや人生や恋愛を成功に導くカギは「トレンドフォロー」

ラリー・ハイト【著】

定価 本体2,800円+税　ISBN:9784775972700

伝説的ウィザード ラリー・ハイトが教える相場版『バビロンの大富豪の教え』

本書は人生の困難から学ぶという勇気づけられる話であり、間違いなく投資において不可欠な洞察と教訓にあふれている。

ラリー・ハイトはミント・インベストメント・マネジメント社の創立者兼社長だった。彼が在職していた13年間に、運用資金の複利でのリターンは手数料込みで年率30%を超えた。彼は「元本確保型」という概念を初めて作り上げた。これによって、このファンドは10億ドル以上を運用した最初の投資会社となった。

ヘッジファンド界のトップに上り詰めたラリー・ハイトの力強い物語から、読者は間違いなく重要な洞察と教訓を得ることができるだろう。

ウィザードブックシリーズ306

その後のとなりの億万長者

全米調査からわかった日本人にもできるミリオネアへの道

トーマス・J・スタンリー, サラ・スタンリー・ファラー【著】

定価 本体1,800円+税　ISBN:9784775972748

倹約、倹約！ 億万長者になるには高い知能も裕福な親も必要ない！

本書は、一代で億万長者となった人々に関するスタンリー博士の画期的な著作から20年がたった現在のアメリカの富裕層を取り上げ、詳細に分析している。新世代の家庭の大黒柱たちは多くの金融情報にさらされているが、本書は富を得るために何が必要かという点について、あくまでもデータに基づいた結論をもとに、自らの力で億万長者になった人たちの実例を見ていく。この研究では、蓄財につながる個人の判断や行動や性格とはいかなるものかを詳しく調査し、消費、予算設定、キャリア、投資、そして経済全般についても言及している。本書を読めば、今日、市場の状況やあらゆる費用の増大にもかかわらず、経済的成功を収めるためには何が必要かを教えてくれる。